빨간 잉크

빨간 잉크

이택광

yeon
doo

차례

시작하며 :
지금 여기에서 금지당한 것들에 대해

동독의 노동자가 시베리아에 취직해 떠나게 됐다. 친구에게 편지를 보내기로 했지만, 당연히 검열을 당할 것이라고 생각해 서로 약속을 정했다. 항상 사용하는 파란 잉크로 편지를 써서 보내면 진실이고, 빨간 잉크로 써서 보내면 거짓말이라는 신호였다. 몇 달 뒤, 시베리아에서 보낸 첫 번째 편지가 도착했다. 파란 잉크로 쓰인 편지였다. 그 노동자는 여기 시베리아의 모든 것이 좋다고 썼다. 가게는 물건으로 넘쳐나고 식량도 풍부할 뿐 아니라 넓고 따뜻한 아파트에서 서유럽 영화도 마음껏 볼 수 있고, 아름다운 여인들이 언제든 사랑을 나눌 채비를 하고 있는 파라다이스이지만, 딱 하나 문제가 있다면 빨간 잉크를 구할 수 없다는 내용이었다.

내가 좋아하는 슬라보예 지젝의 농담 중 하나다. 우리의 문제를 이보다 더 날카롭게 드러내는 농담이 또 있을까. 빨간 잉크는 분명 거짓말을 뜻하지만, 빨간 잉크로 쓰인 편지는 진실을 말하고 있다는 이 농담의 주제는 이데올로기의 이중 구조를 보여주는 것이다. 빨간 잉크의 금지야말로 이데올로기의 '거짓'을 가능하게 해주는 것이지만, 동시에 그럼으로써 이 '거짓'은 '진실'을 말할 수 있는 것이다. 이 '진실'은 금지당한 빨간 잉크의 공백이기도 하다. 이 농담은 비록 구 사회주의 국가에서 회자했던 것이지만, 지금 우리가 마주하는 한국의 현실을 적확하게 보여준다는 생각이다. 모든 것이 다 갖춰진 듯한 '정상적인' 2018년의 한국에서 '비정상적인 것'이라고 금지당한 것은 무엇일까. 그 '비정상적인 것'이야말로 '정상적인 것'을 위해 지금 여기에서 추방당한 것들일 테다. 그 추방당한 것들을 검토하면서 나는 지난 4년을 보냈다. 빨간 잉크가 없어 파란 잉크로 적힌 금지당한 것들을 이야기하려는 것이 이 책을 묶는 동기다.

지난 촛불의 광장에서 나는 이 책에 실린 대부분의 원고를 구상했다. 많은 사람이 '혁명'이라고 부른 그 사건은 내게 현재를 바꾸기 위한 행동이 아니라 과거를 불러오기 위한 행동인 것 같았다. 2008년 이래로 촛불은 한국의 정치 상황을 보여주는 증상이었다. 이 문제의식은 대통령을 권좌에서 끌어내린 2016년과 2017년의 촛불에서 재차 확인할 수 있었다. 2014년에 출간한 『박근혜는 무엇의 이름인가』라는 책에서 나는 "민주주의의 후퇴"를 이야기하는 분위기에 반해 "진보의 비가역성"을 주장했다. 알라딘의 램프에서 거인을 불러낼 수는 있지만, 다시 들어가게 할 수는 없다. 이 거인이 바로 민주주의다. 이런 관점에서 내가 보기에 지난 대통령 탄핵의 촛불은 이렇게 되돌릴 수 없는 역사의 마지노선을 확인해줬다.

나는 이 마지노선이야말로 한국 사회가 1987년 이후에 달성한 근대 시민성의 '본질'이라고 믿는다.

오늘의 한국 사회를 진지하게 성찰하고자 한다면 이 지점에서 출발해야 하지 않을까. 어떤 과장이나 폄하도 없이 민주주의가 초래한 낯선 상황을 마주할 수 있는 '침착한 용기'가 필요하지 않을까. 이 무한한 부정성의 세계를 파고들어 의미를 길어 올리는 것이 아직까지도 내가 글을 써야 하는 이유일 것이다. 미력한 책을 묶기로 결심한 까닭은 이런 생각을 함께 나눌 수 있는 독자들이 아직 있을 것이라는 기대감 때문이다. 2018년의 한국을 살아가는 이들에게 과연 이런 종류의 '비평'은 어떤 의미일 것인지 회의적이기도 하지만, 끊임없이 급변하는 상황에 즉각적 대응을 내놓아야 하는 것이 오늘의 비평가이기도 하다는 것을 부정할 수는 없다.

탄핵 이후 모든 것이 완성된 것처럼 보이는 이 세계의 정체는 무엇일까. 내 궁금증은 이것이다. 내게 이 세계는 '세계 없음'을 가리고 있는 스크린이다. 마치 디즈니랜드처럼 이 평화로운 세계는 '세계 없음'이라는 진실을 가리기 위한 가상의 현실처럼 보인다. 그러나 이 가상의 현실은 파란 잉크처럼 진리의 빨간 잉크를 공백으로 간직하고 있다. 진보와 보수가 치열하게 격돌하는 것처럼 보이지만, 부동산 문제에 가면 둘의 목소리는 하나로 잦아든다. 비핵화와 한반도 평화를 소리 높여 말하지만, 결국 모든 문제는 남북 경협이라는 경제 논리로 빨려 들어가고 있다. 남북문제에서 민족 이외에 다른 가치를 제시할 수 없는 이 곤경은 무엇을 의미하는 것인지 지금이라도 되새겨봐야 할 것이다. 평화가 '우리 민족끼리' 잘 사는 문제에 그친다고 한다면 지난 세기에 되풀이했던 문제를 다시 불러들이는 제스처 이상의 의미를 가지기 어렵다.

솔직히 지금 한국에서 전개되는 정치 상황은 이런 우려를 더욱 가속화하고 있다. 집권 여당은 보수주의로 확고하게 이동했고, 그 대안은 이제 더 왼쪽에 있는 좌파가 아니라 더 오른쪽에 있는 우파다. 그러나 우파의 보수주의가 궤멸한 상황에서 대안으로 부상할 수 있는 것은 유럽의 경우와 유사하게 극우주의일 것이다. 대한문 앞에서 벌어지는 '태극기 집회'가 냉전 극우주의라면, 앞으로 다가올 극우주의는 냉전으로부터 자유로운 '내전'의 패러다임에 근거한 극우주의일 것이다. 현실 사회주의 국가의 붕괴 이후 많은 사람이 '거대 담론'의 종언을 이야기했지만, 실상은 그렇지 않았다. 전 지구화가 초래하는 초국경의 상황은 민족주의를 더욱 강화하는 결과로 나아갔고, 한국도 예외가 아니라고 볼 수 있다. 예멘 난민을 둘러싼 분위기는 이 사실을 단적으로 보여준다. 말만 세계 시민을 지향할 뿐이지 사실상 한국의 정책은 대내용인 경우가 허다하다. 포퓰리즘이야말로 한국 사회의 정신이다. 도처에서 확인할 수 있는 기성 제도와 포퓰리즘의 갈등은 규제를 완화하고 일부 세력의 특권을 해체하는 방향으로 나아갈 것이고, 이런 평평한 공간은 극우주의도 하나의 가치로 인준받는 과정을 예비할 것이다.

물론 나는 이 상황을 비관하려고 이 책을 준비한 것은 아니다. 게오르크 헤겔의 말처럼 의미 없는 죽음, 충족되지 않는 부정성은 내적인 개념으로 전화하면서 긍정성으로 바뀐다. 참혹한 혁명도 천박한 교양도 앎의 영역에서 다시 경험으로 살아날 수 있다. 부단하게 앎을 재정립하는 것은 삶의 의미이기도 한 것이다. 살아 있는 한 앎을 추구해야 한다. 이 부정성을 비관하면서도 끈질기게 탐구하는 것은 그래서 중요하다고 본다. 여전히 내게 글을 쓰도록 만드는 힘이 있다면 바로 이 탐구의 욕망이다.

　무라카미 하루키는 글쓰기를 마라톤에 비유했지만, 내게 글쓰기는 자전거 타기에 비교할 만하다. 글을 쓰다가 풀리지 않으면 어김없이 자전거를 끌고 남산과 북악 팔각정을 왕복한다. 오르막은 힘들고 내리막은 편하지만, 오르지 않으면 내려갈 일도 없다는 점에서 글쓰기는 자전거 타기와 유사한 점이 많다. 4년 만에 책을 묶고자 원고들을 정리하는 과정은 오르막을 오르는 것과 같았지만, 이제 내려갈 시간이 되니 마음은 홀가분하다.

　이 책의 주제에 대한 연구는 경희대의 지원KHU-20171199을 받아서 이뤄졌다. 또한 이 책의 주제에 대해 만날 때마다 허심탄회하게 토론해준 지젝과 자크 랑시에르에게 감사드린다. 난민 문제에 대한 지젝의 제언과 랑시에르의 민주주의에 대한 관점은 이 책을 관통하는 주제 의식이기도 하다. 일본의 아즈마 히로키도 이 책을 쓰는 동안 적지 않은 영감을 제공했다. 그와 함께 구상한 '다크 유토피아'라는 개념은 지금 경험하는 '정상성'을 설명하는 훌륭한 용어다. 홍콩 출신의 신예 철학자 육허이의 코스모폴리틱스도 이 책의 비관주의를 많이 덜어줬다. 2014년부터 진행해온 아시아 이론 네트워크 ATN의 동료 학자들 덕분에 동시대의 관점에서 '아시아'를 조망할 수 있었다. 무엇보다도 이 책을 출간하기로 결정해준 yeondoo의 김유정 대표에게 깊은 감사를 표한다. 언제나 그에게 빚진 마음이다. 아무쪼록 이 책이 다수 의견이 지배하는 곳에서 소수 의견에 보태는 하나의 작은 물방울이나마 될 수 있기를 바란다.

트럼프는 무엇인가

2016년 도널드 트럼프가 '마침내' 45대 미국 대통령으로 당선되자 미국뿐 아니라 전 세계가 경악을 금치 못했다. 지금도 이 여파는 사라지지 않은 것처럼 보인다. 이 경악의 의미는 무엇이었을까. 그만큼 미국답지 않은 선택이라는 뜻일 것이다. 그런데 여기에서 의문이 생긴다. 그 '미국다움'은 무엇을 의미하는 것일까. 결론적으로 말하자면 이 '미국다움'은 2차 세계대전 이후 발생한 새로운 자유주의, 뉴리버럴리즘을 뜻한다. 뉴리버럴리즘은 보통 신자유주의로 번역되는 네오리버럴리즘과 다른 것이다. 뉴리버럴리즘은 유럽의 사회 민주주의를 수용한 새로운 자유주의라고 할 수 있다.

프랑스 철학자 미셸 푸코에 따르면 18세기 이래로 유럽에서 시작된 자유주의의 '통치 기술'은 20세기에 이르러 난관에 봉착한다. 자본주의의 위기를 해결하기 위한 대응책들이 겉으로는 자유주의를 표방했지만, 본질적으로 그 가치에 위배되는 실천을 행했기 때문이다. 이런 과정에서 '최소 정부'를 주장하며 시장의 진리를 이야기했던 원칙적 자유주의는 퇴조하고, 뉴딜과 같은 복지 정책이 등장하게 됐다. 물론 복지 정책의 명분은 실업으로 인한 가난이 개인의 자유를 침해하지 않아야 한다는 것이었다. 자유와 평등을 동시에 가져가려는 이런 경향이 새로운 자유주의를 미국적 가치의 정수로 받아들여지게 만든 것이다.

미국에서 일반적으로 좌파는 이런 뉴리벌리스트들, 다시 말해 전후에 형성된 새로운 자유주의자들이고, 우파는 공화주의자들로 분류한다. 줄여서 '리버럴'이라고 불리는 이들은 1960년대 반문화counter culture 운동을 주도하기도 했다. 잭 케루악의 소설 『길 위에서』는 이런 새로운 자유주의자들의 감수성을 표현한 대표작으로, 이른바 오늘날 도시에서 목격할 수 있는 힙스터 문화의 원조에 해당한다. 이 뉴리버럴리즘 또는 새로운 자유주의를 전후 자유주의라고 부를 수 있다고 본다.

전후 자유주의를 가능하게 만든 것은 다른 무엇도 아닌 앞서 언급한 뉴딜 정책으로 대표되는 복지 국가였다. 실업 문제를 해결하기 위한 강력한 국가 주도의 공공사업들이 우후죽순처럼 진행되던 때였다. 이 당시 분위기는 마이클 무어 감독의 다큐멘터리 〈식코〉와 〈자본주의 : 러브 스토리〉에 잘 드러나 있다. 특히 무어 감독은 〈자본주의 : 러브 스토리〉에서 전후 복지 국가에서 가능했던 미국 노동자들의 경제 수준을 자전적 이야기를 통해 보여준다. 중산층 수준의 풍요로움을 즐기던 노동자들은 1970년대 이후 미국 경제의 쇠퇴와 더불어 급속하게 몰락의 길로 접어든다.

무어 감독의 다큐멘터리는 트럼프의 출현을 예견했다고 할 수 있다. 다큐멘터리는 한때 잘 나갔던 디트로이트가 폐허가 된 광경을 쓸쓸히 비춘다. 디트로이트는 트럼프 당선에 중요한 역할을 한 러스트 벨트의 한 도시다. 한국의 울산과 같은 도시였고, '미드 웨스트 문화'를 대표한 진보적 고장이었지만, 이제 트럼프 지지자들이 넘쳐나면서 '꼴통' 소리를 듣게 됐다. 그러나 『모든 것과 더 많은 것$^{Everything\ and\ More}$』의 저자인 데이빗 포스터 월리스도 지적했듯 미 대륙에서 중서부에 해당하는 이 지역은 교양 있고 교육적 분위기를 자랑하는 곳이기도 했다. 이런 지역이 순식간에 트럼프라는 '악당'의 손아귀로 떨어진 것이다.

그러나 트럼프는 한때 아메리칸 드림을 상징하는 인물이었다. 부동산으로 부를 축적한 트럼프는 공화당 대통령 후보로 선출되기 전부터 막말과 기행으로 악명을 떨쳤다. 대통령 후보가 된 뒤에도 재산이 너무 많아서 재산 공개 양식에 숫자를 기입하는 칸이 좁다고 위악을 떨기도 했다. 굳이 표현하자면 '졸부'라는 용어 한마디로 그의 정체성을 설명할 수 있지 않을까 한다. 물론 그렇다고 트럼프가 미국 바깥에 나가서 돈을 벌어 부자가 된 것은 아니다. 그가 돈을 번 곳은 아이러니하게도 미국이다. 또한 그가 부를 축적한 방식 역시 전형적인 미국식이었다.

트럼프 자신은 그렇게 유능한 사업가라고 말할 수는 없다. 그러나 그는 자신의 이름을 브랜드화하는 전략을 통해 새로운 경지를 개척했다. 피자나 햄버거 광고에 등장하는 방식으로 이름값을 올렸다. 대선 캠페인에서 보여준 파격적 행보는 이런 경험에서 얻은 것이라고 볼 수 있을 것이다. 결정적으로 트럼프의 인기를 올려준 것은 텔레비전 예능 프로그램이었다. 그가 진행해 화제를 모았던 〈어프렌티스십〉은 한국에서도 잘 알려진 프로그램이다.

트럼프는 부동산 재벌로 명성을 얻었지만, 사실 연예 사업을 통해 대중에게 친근한 이미지를 구축했다고 말할 수 있다. 말하자면 미디어가 만든 명사인 셈이다. 트럼프는 이런 미디어의 생리를 정확하게 꿰뚫었기 때문에 직설적 화법과 파격적 행보로 오바마 정부와 민주당에 대한 기층의 불만을 결집할 수 있었다. 트럼프가 쏟아낸 인종주의적이고 여성 혐오적인 발언들은 이런 결집에 큰 문제가 되지 않았다.

이런 사실은 무엇을 말해주는 것일까. 트럼프에게 투표한 이들이 모두 인종주의자이거나 여성 혐오주의자들은 아닐 것이다. 바꿔 말하면 유권자들이 트럼프의 인종주의와 여성 혐오 때문에 표를 준 것은 아니라고 볼 수 있다. 이들은 무엇을 바라고 트럼프를 대통령으로 만든 것일까. 이들이 원했던 것은 과거의 삶을 회복하는 것이다. 전후 복지 국가에서 누렸던 중간 계급 수준의 삶을 트럼프가 만들어줄 것처럼 보였을 것이다. 트럼프의 구호는 "다시 한 번 미국을 위대하게 만들자!"다. 새삼스러운 슬로건은 아니다. 이미 로널드 레이건이 내걸었던 기치다. 당시에도 미국은 경제 침체의 원인을 일본과 아시아 국가들에 돌리면서 새로운 글로벌 자본주의를 위한 명분을 만들고자 했다.

프랑스 철학자 알랭 바디우에 따르면 신자유주의라고 불린 이 글로벌 자본주의의 진행은 전무후무한 결과를 낳았다. 세계는 전혀 다른 '전일체'로 만들어졌다. 지상의 부 46%가 지구 전체 인구의 1%에게 몰리는 결과가 초래된 것이다. 범위를 더 크게 잡으면 세계 인구의 10%가 전체 부의 86%를 갖는 세계가 만들어진 것이다. 당연히 미국 대선에 출마한 후보 두 명도 이 범위 안에 들어갈 것이다. 그 외 이른바 중간 계급이라고 불린 이들은 지구 전체 인구의 40%로, 부의 15%를 잘게 쪼개 나눠 갖고 있다. 이 중간 계급이야말로 의회 정치와 민주주의의 지지자들이다.

이 말이 사실이라면 유권자들은 왜 자신들과 부의 규모에서 비교 불가한 이들을 대표자로 선출하려는 것일까. 대체로 대의 민주주의라고 불리는 체제는 권력 엘리트의 과두정을 마치 민주주의의 정수인 것처럼 포장한다. 민주주의라고 하지만, 사실 정치를 아무나 할 수 있는 것은 아니다. 정치인이라는 범주가 엄연히 존재한다. 이들은 나름대로 '전문가'다. 이 '전문가 집단'이 대변하는 것은 아래로부터 올라오는 이른바 '민의'인 것처럼 보이지만, 사실 정치인 자신들도 나눠 가진 기득권establishment이다. 영국 저널리스트 오웬 존스는 『기득권층』이라는 책에서 이들의 출발점을 전후 스위스에서 이뤄진 '다보스 회의'에서 찾았다.

이런 과정을 통해 이른바 '다보스 계급'의 형성이 이뤄진 것이다. 2008년 금융 위기 때에도 이들은 다보스에 모여 대책을 숙의했다. 아이러니하게도 당시에 가장 많이 등장한 표현이 "자본주의는 끝났다."는 것이었다. 자본주의의 기득권층이 모여 정작 선언한 것이 자본주의의 종언이었다는 것은 상당히 징후적이다. 이런 발화는 말 그대로 기득권을 유지하고자 한다면 자본주의도 충분히 폐기할 수 있다는 자신감이 있기에 가능하다. 존스가 지적했듯 세계 인구 10%의 과두정 멤버들은 실질적 사회주의를 공유한 것이라고 할 수 있다. 역설적으로 이들은 자기들끼리 이미 사회주의를 실행한 것이다.

'다보스 계급'은 유력 정치인들, 은행가들, 정보 산업 기술로 부를 축적한 갑부들, 할리우드 스타들이 망라한다. 이 계급이야말로 '성공한 명사들의 멤버십'이라고 부를 수 있다. 이 멤버십에 초대받는 것이 곧 10%의 과두정에 들어갈 수 있는 자격을 갖춘다는 의미인 셈이다. 그러나 이 10%의 자격을 규정하는 그 성공은 살아갈수록 빚더미에 올라앉게 된 무기력한 장삼이사들, 자본주의가 최종으로 존재하지 않는 것으로 선언한 소외된 이들의 희생과 연결돼 있다. 그럼에도 이런 희생이 자격을 박탈당한 장삼이사들의 저항으로 이어지지 않는 것은 이 모든 실패의 원인을 개인의 무능함과 불성실함으로 치환하게 만드는 신자유주의적 자기 계발 이데올로기 때문이다.

이것이 바로 내가 개념화해온 '평등의 고원'을 작동하게 만드는 원리다. 평등이라는 이념은 내재적 위계를 통해 실현된다. 고원 위에 올라온 이들은 고원 아래에 머무는 이들과 자신들 사이에 조성되는 불평등의 관계에 대해 문제 삼지 않는다. 이들이 문제 삼는 것은 정확하게 고원 위에 올라온 다른 이들과 자신의 관계에서 불거지는 불평등이다. 과두정이 유지될 수 있는 것은 이런 심리 상태 때문이다. 바디우가 언급한 전체 부의 15%를 나눠 가진 세계 인구 40%의 중간 계급은 이런 심리에서 의회 민주주의를 지지하고, 이른바 '시민 가치'를 공유한다. 40%에 들어야 한다는 강박을 모두에게 심어줬다는 점에서 자기 통치를 지상 과업으로 삼은 자유주의의 이상은 이렇게 실현된 것이라고 말할 수 있다.

폴 크루그먼 같은 경제학자가 주장하는 '미국의 가치'라는 것은 사실 알고 보면 이런 미국 중간 계급의 정체성이었다고 할 수 있다. 크루그먼에게 충격을 안긴 것은 '레드 넥'이라고 불리는 '촌것들'의 트럼프 지지가 아니라 '미국의 가치'를 지탱해왔다고 믿은 중간 계급의 배신이었을 것이다. 그러나 크루그먼이 간과한 것은 역사적으로 파시즘의 태동을 추동하고 권좌에 오르게 만든 주역들은 그 누구도 아닌 중간 계급이었다. 중간 계급은 사회적으로 중간에 위치한 계급이다. 경제적으로 중간이면서 동시에 부르주아적인 주체성을 가진다. 바디우가 이야기하는 오늘날 목격할 수 있는 세 가지 주체성 중에서 '서구의 주체성'을 체현한 당사자가 바로 중간 계급이다. 당연히 인구 통계로 본다면 이 중간 계급의 분포는 서구 자본주의 국가에 더 많이 분포됐다.

'서구의 주체성'은 '착한 유럽과 미국에 거주하는 이들만을 인류'라는 사실을 은연중에 받아들이고 있다. 인류는 곧 서구라는 이런 오만한 계몽주의적 태도는 '정치적 올바름'이라는 규범으로, 바디우에 따르면 2015년 11월 13일, 파리 테러가 일어났을 때 미 대통령 오바마가 했던 연설에서 이런 논리는 극명하게 드러난다. 이 연설에서 서구는 문명이고 이 서구를 위협하는 모든 것은 미개와 야만으로 도식화됐다. '서구의 주체성'과 변별되는 또 다른 주체성은 서구 국가에 이주한 이민자들이나 비서구 국가에 비율적으로 더 많이 분포된 '서구적 욕망의 주체성'이다. 이 주체성은 서구의 것을 사랑하고 공유하고자 하는 욕망에 이끌린다. 유럽으로 가고자 하는 난민이나 헬조선을 탈출해 서구에 가서 살고 싶어 하는 이들이 여기에 속할 것이다. 중간 계급이 되고 싶지만, 될 수 있는 수단을 소유하지 못한 이들은 이렇게 '서구적 욕망의 주체성'이 돼서 꿈을 꿀 수밖에 없다.

그리고 나머지 하나의 주체성은 두 주체성 어디에도 속할수 없는 '허무주의적 주체성'이다. 바디우의 용어를 빌리자면이 주체성은 자본주의를 통해 '무'로 판명이 난 인구를 통해출현한다. 소비자도 노동자도 될 수 없는 무용하고 무의미한존재가 바로 이들이다. 이런 주체성이 궁극적으로 도달하는지점은 극단주의다. 떠날 수도 없고 모방할 수도 없는 곤경이만들어낸 이 주체성은 파괴와 복수의 욕망을 발산할 수밖에없다. 크루그먼 같은 미국의 자유주의자들은 이런 파괴와 복수의 욕망 자체를 범죄적인 것으로 규정하고 쉽게 단죄하지만, 이 주체성은 서구의 생활 방식과 가치관에 저항하는 것을 정체성으로 삼는 실체적 존재다.

'미국의 가치'는 전후 체제의 수립 과정에서 형성된 것이라고 말할 수 있다. '러스트 벨트'는 당시 미국 경제 성장을 추동한 엔진이었다. 그러나 1970년대 이후 이런 미국식 경제 성장은 위기에 봉착하게 된다. 생산 수단을 소유하면서 제3세계의 값싼 노동력으로 상품을 생산해 수익을 올리는 구조가 어려워진 것이다. 글로벌 자본주의는 발전할수록 초기 축적을 가능하게 만들었던 지리적 차이를 소멸하게 했다. 오늘날 테크놀로지의 발달은 아프리카에 있는 소비자가 뉴욕 하이스트리트에 있는 상점에서 물건을 구입할 수 있게 만들었다. 한국에서도 흔하게 발견할 수 있는 '직구'는 바로 이런 변화를 보여주는 현상이다. 아마존닷컴의 출현은 시작에 불과했다. 스마트폰과 사회관계망서비스SNS는 인터넷을 기반으로 형성된 글로벌 물류를 개별적 단위로 분산하면서 결집하게 만드는 거대한 기계적 총체가 됐다. 이 기계는 마치 영화 〈매트릭스〉에 등장하는 프로그램처럼 개별 주체성을 형성하는 내재적 논리로 전환됐다.

문제는 이런 주체성 어디에도 속할 수 없는 주체성이다. 바로 허무주의적 주체성이 그것이다. 이런 주체성이 지향하는 것은 체제에 대한 반대다. 그렇다고 체제 자체를 극복하려는 의지를 내포하진 않는다. 다만 허무주의적 주체성은 억압된 서구적 욕망의 반동으로 정확하게 자신의 욕망이 대상으로 삼았던 것을 공격한다. 자살 테러는 이런 공격의 형식 중 하나라고 할 수 있다. 이런 주체성의 발현을 파시즘이라고 말할 수 있다. 파시즘은 결코 정신 나간 이들이 마약에 취해 벌이는 일탈이 아니다. 역설적으로 파시즘은 자본주의의 논리에 내재해 있다. 파시즘이 요구하는 것은 자본주의를 폐기하는 것이 아니라 제대로 작동하게 만드는 것이다. 파시즘은 정치적 경향성으로 봤을 때 극우주의의 일종이다. 극우주의는 반공주의와 권위주의를 골자로 하는 역사적 정치사상이다. 역사적이지만, 여전히 현재적이라는 의미에서 극우주의는 트럼프 현상을 비롯해 프랑스와 독일에서 흔히 목격할 수 있듯 오늘날에도 여전히 위력을 발휘한다는 것이 사실이다.

파시즘의 대명사격인 나치도 자본주의와 공산주의를 유태인의 유물론이라고 동시에 비판하면서 주인 인종으로서 아리안족의 우월성을 회복해야 한다고 역설했다. 이 사실이 전하는 교훈은 중대하다. 왜냐하면 파시즘의 주장은 자본주의에 소외되고 억압된 이들에게 새로운 삶을 약속하는 것처럼 들리기 때문이다. 그 새로운 삶은 '민족'이라는 절대적 상상의 이미지를 통해 실체화하는 것이다. 트럼프 역시 자신의 지지세를 모을 때 사용한 수사가 "잃어버린 백인의 미국을 되돌려주겠다."는 것이었다. "다시 미국을 위대하게 만들겠다."는 말에서 트럼프가 전제하는 미국은 '백인의 미국'이었다. 트럼프에게 표를 던진 중간 계급 이민자들에게도 이런 수사는 먹혀들었다. 그 이유는 간단하다. 아메리칸 드림은 다른 무엇도 아닌 '서구적 욕망의 주체성'을 작동하게 만드는 기제이기 때문이다. 페이스북이나 인스타그램을 타고 흐르는 강화된 소비주의의 이미지는 이런 '서구적 욕망의 주체성'에게 더욱 강력한 좌절감과 시기심을 안겨주고 급기야 분노를 불러일으킬 것이다. 이 분노가 파시즘적 욕망의 엔진이라고 하겠다.

'서구적 욕망의 주체성'을 체현한 이들은 결코 자신을 백인과 동일시하지 않는다. 프란츠 파농이 언급했듯 백인 노예는 인간이 되고자 하지만, 흑인 노예는 백인이 되고자 한다. 한때 김연아 선수가 승승장구할 때 국내 언론에 나온 보도 중에 "서구 선수에 버금가는 신체적 조건"을 가졌기에 김연아 선수가 우수한 성적을 거둔다는 분석이 있었다. 세계 챔피언이면 세계 정상이고 이미 서구의 수준에 도달한 선수임에도 한국의 언론은 '우리도 백인과 다를 것이 없다.'는 생각을 하지 못하는 것이다.

이런 인종주의는 진화주의적 지식에서 기인한다. 이런 진화주의적 패러다임에 기초해 출현한 파시즘은 약자에 대한 혐오와 배제를 깔고 있다. 그렇다고 이런 특징이 파시즘만의 것이라고 말하기는 어렵다. 사회 다원주의 자체가 자유주의의 위기에 대한 대응으로 등장한 것이라는 점에서 파시즘과 친화성이 높을 수밖에 없겠지만, 과거의 전통과 단절하고 산업문명이라는 물적 토대 위에서 진행된 자본주의적 근대화 자체가 이런 특징을 배태했다는 사실도 부정할 수는 없다. 자본주의를 구성하는 요소 중 하나가 바로 계몽 이전의 세계를 미개하고 원시적인 것으로 대상화하고 경제를 중심으로 삼는 새로운 패러다임을 내재화하는 것이기 때문이다.

푸코의 말처럼 자본주의적 근대화는 공동체와 정부의 관계에 대한 이론의 출현으로 요약할 수 있겠다. 여기에서 공동체와 정부의 관계에 대한 이론이란 것은 통치술이나 방법에 대한 것이라기보다 개인을 훈육해 대상화하면서 동시에 주체로 만들어내는 방법에 대한 이론이다. 이전까지 통치의 문제는 군주의 권리였지만, 근대는 수직적 권력 관계를 수평적인 것으로 만들어내면서 국민이라는 새로운 집단에게 주권을 부여하는 과정이기도 했다. 이 과정에서 정치적 개인의 집합인 국민은 정치 체제의 객체이자 동시에 주체로 새롭게 태어난다. 지배당하면서도 동시에 지배한다는 이런 생각은 분명 생래적인 것이 아니라 이론적인 것이다. 민주주의라는 이념은 이런 이론적 고찰에서 출현한 지식이라고 할 수 있다.

이처럼 근대적 정치 체제는 위에서 아래로 권력을 집행하는 것이 아니라 권력과 지식을 서로 결합함으로써 개인의 마음을 간섭한다. 위로부터 실행되는 입법의 과정과 아래로부터 이행되는 규범의 체득이 동시에 일어나는 것이 민주주의적 권력의 작동 방식이다. 따라서 근대에서 지배는 항상 복종과 쌍을 이룬다. 일방적 지배와 복종은 없다. 언제나 동의를 전제하는 근대의 민주주의는 실제로 동의하지 않는 이들을 합법적으로 배제할 수 있는 장치이기도 하다. 파시즘과 같은 극우주의는 이런 근대의 작동 원리와 길항하는 것이라고 볼 수 있다. 더 거칠게 말하면 극우주의야말로 근대에 대한 열망 이외에 다른 것을 인정하지 않으려는 파시즘을 모태로 삼는 것이라고 볼 수 있겠다. 이런 생각은 파시즘을 광기나 광신으로 규정해 전근대적으로 치부하는 인식에 반대되는 것이다. 분명히 미학적 차원에서 전개되는 파시즘의 양상이 전근대적인 것에 대한 지향이나 향수를 간직하더라도 파시즘 자체를 싸잡아 전근대적 태도라고 말하기는 어렵다. 역설적으로 파시즘은 자본주의적 근대를 완성하기 위해 전근대적인 것을 복원해야 한다고 요청하는 욕망이다.

이런 기준에 의거한다면 트럼프 당선은 분명 일정하게 파시즘적 욕망을 내재한다는 것을 알 수 있다. 트럼프에게 표를 던진 이들은 '러스트 벨트'에 있는 백인 노동자들만이 아니었다. 백인 여성들도 중간 계급 이민자들도 트럼프에게 표를 던졌다. 크루그먼 같은 클린턴 지지자들이 자신했던 도시의 백인 엘리트조차도 트럼프에게 표를 던졌다. 이 사실이 말해주는 것은 무엇일까. 선거가 끝난 뒤에 의견은 둘로 나뉜 것처럼 보인다. 반여성적이고 인종주의적인 '백인 노동자'가 '미국의 가치'를 저버렸다는 주장이 하나고, 기성 정치에 대한 불만을 유권자들이 표현한 것이지 트럼프의 인종주의와 여성 혐오를 지지한 것이 아니라는 주장이 다른 하나였다.

두 주장은 각각 부분적으로 맞다. 다만 앞서 이야기했듯 첫 번째 주장에 대해서는 '미국의 가치'라는 것이 무엇인지 질문할 필요가 있고, 두 번째 주장에 대해서는 그 기성 정치에 대

한 불만이 인종주의와 여성 혐오라는 파시즘적 형태로 나타
날 수도 있다는 것을 환기할 필요가 있다. 분명히 트럼프 당
선은 기성 정치에 대한 심판의 성격이고, '다보스 계급'의 파
티에 초청받지 못한 노동 계급과 중간 계급의 분노와 고통이
표출된 것이다. 그러나 그 형태는 '백인의 공화국'을 재건하기
위한 극우적 시도로 나타났다. 트럼프는 이들의 분노와 고통
을 잘 이해하는 태도를 취해 지지세를 획득했다. 그는 5%의
과두정에 충분히 속할 수 있음에도 40%의 목소리를 대변하
는 '반란자'를 자임했다. 그는 분노한 계급의 목소리로 그들
의 고통을 이야기했다. 이것이 전형적 파시즘의 특징이다. 트
럼프가 파시스트인지 아닌지는 중요하지 않다. 그가 파시즘
적 발화를 통해 대통령에 당선됐다는 사실이 중요하다.

　트럼프가 당선될 수 있었던 이유는 '백인'의 타락에서 기인
했다기보다 역설적으로 '미국의 가치'를 만들어낸 전후 자유
주의가 쇠퇴했기 때문이다. 전후 자유주의 쇠퇴는 이들보다
더 왼쪽에 있는 급진주의의 몰락과 무관하지 않다. 바디우가
지적했듯 이 몰락은 궁극적으로 신자유주의라고 불리기도 하
는 글로벌 자본주의의 책임이다. 급진주의를 범죄화하는 경
향이 점점 더 노골화한 것이다. 자본의 지배를 더욱 공고하
게 만들기 위한 이런 책략은 결과적으로 파시즘의 창궐을 초
래했다. 트럼프는 이런 결과의 일부분에 지나지 않는다. 트럼
프는 장구한 극우화의 과정에서 출몰한 돌출 변수였을 뿐이
다. 트럼프에게 표를 던진 이들은 트럼프를 통해 과거에 잃어

버렸다고 생각하는 것들을 절박하게 회수하고자 할 것이다. 이런 열망은 자신의 것을 빼앗아간다고 여겨지는 대상에 대한 분노로 드러날 것이다. 이 거대한 흐름을 돌려세울 수 있는 방법은 있을까. 내가 이 책을 쓰고자 마음먹은 이유도 바로 이런 방법을 모색하기 위함이다.

반지성주의

  돌이켜보면 트럼프 당선으로 막을 내린 지난 미국 대선만큼 여기 한국의 관심을 끈 외국 선거는 또다시 없을 것이다. 남의 나라 정치임에도 정가는 물론이고 장삼이사들에게도 커다란 관심거리였다. 결국 이런 관심은 트럼프 당선이라는 이변을 통해 역설적 '보상'을 받았다. 북미 회담에서 트럼프가 보여준 '과감성'은 그의 당선에 미심쩍은 시선을 보냈던 한국의 태도를 조금 바꿔놓은 것처럼 보이기도 한다. 여하튼 미국 대선이 태평양을 건너서 여기 한국의 이목을 집중할 수 있었던 이유는 바로 버니 샌더스와 트럼프 때문이었다. 힐러리 클린턴도 관심을 끌 만한 정치인이긴 하지만, 샌더스와 트럼프가 일으킨 '바람'이 없었다면 미국 대선이 먼 나라 호사가의 입에 오르내릴 일은 없었을 것이다.

  미국의 문화 비평가이자 교육학자인 헨리 지루는 대선 당시 한 방송과 이뤄진 인터뷰에서 트럼프가 어떤 정치인인지 중요한 것이 아니라 그를 지지하는 이들이 민주주의에 반대한다는 사실이 중요하다는 의미심장한 논평을 남겼다. 트럼프의 태도나 성격을 거론하면서 대통령 후보 자격이 없다거나 히

틀러와 다르지 않은 파시스트라고 자질 문제를 제기하지만, 여기에서 부정할 수 없는 것은 바로 트럼프를 지지함으로써 민주주의에 반대하는 이들이 엄연히 미국에 존재한다는 사실이다.

이런 지루의 발언이 암시하는 것처럼 이른바 전후 세계 체제에서 자유 민주주의의 경찰 노릇을 자임해온 미국의 한복판에서 식을 줄 모르고 끓어오르는 트럼프에 대한 지지는 참으로 미국의 리버럴들을 부끄럽게 하는 일이었다. 물론 트럼프의 출현이 예고 없이 돌출한 현상은 아니다. 트럼프의 지지율을 떠받친 요소 중 하나가 반지성주의라는 지적에서 알 수 있듯 미국은 반지성주의에 관한 한 종주국이라고 할 만하다.

반지성주의라는 것은 지식인에 대한 불신과 반감에 기초해 지적 작업 전반에 대한 경멸적 태도를 드러내는 사회적 경향이다. 반지성주의는 지성과 이성을 부차적인 것으로 여기거나 지력으로 사물의 본성을 이해할 수 있다는 사실을 부정하는 철학적 태도를 뜻한다. 한편 지식인에 대한 직접적 반감과 불신을 의미하기도 한다.

리처드 호프스태터는 『미국의 반지성주의』라는 책에서 미국 반지성주의의 뿌리가 기독교 복음주의evangelism에 있다는 사실을 적시한다.[1] 복음주의의 신생활 운동을 주도한 이들은 기존 성직자들을 '위선적 집단'이라고 비판하면서 '오직 성서로 돌아가자.'라는 기치를 내걸고 호전적 반지성주의 운동을 펼쳤다. 호프스태터의 분석에 근거해본다면 트럼프에 대한 지지는 지식인 자체를 좌파로 간주하고 견제하는 미국의 우파적 경향성을 드러내는 것이기도 하다. 또한 기독교 복음주의를 동력 삼아 미국 사회에 복류한 반지성주의적 경향이 노골적으로 분출된 것이라고 볼 수 있다.

이런 반지성주의는 비단 상아탑의 '지식인'을 비판하는 것뿐 아니라 정치와 정치인에 대한 혐오를 내포하는 것이기도 하다. 트럼프는 이런 정치 혐오에 기대어 자신의 지지율을 끌어내 마침내 대통령에 당선된 것이라고 할 수 있다. 트럼프 당선을 두고 많은 고담준론이 한국에서 오갔지만, 이런 정치 혐오의 정도로 친다면 한국도 미국과 크게 다르지 않다고 말해야 하지 않을까.

미국의 반지성주의에서 한국 사회에 만연한 반지성주의와 유사한 측면들을 발견하는 것은 분명 흥미로운 일이다. 메시아주의적 성격이 강한 '민족'이라는 개념을 처음으로 한국에 유입한 장본인이 미국의 기독교 복음주의였고, 1970년대 이후 반공주의적이었던 박정희 체제의 파시즘에 대항하는 입장들이 다분히 자유주의적 기독교에 기초했다는 역사적 사실은 이런 유사성의 근거를 충분히 제공하는 것이다.

한국의 반지성주의는 미국의 복음주의와 전후 냉전주의의 결합물이라고 볼 수 있다. 반공주의 체제를 통해 성공적으로 미국 중심의 경제 모델을 한국에 이식한 박정희야말로 반지성주의를 통치의 논리로 삼은 당사자였다. 손쉽게 '포퓰리즘'으로 정의할 수도 있을 반지성주의는 단순하게 '무지한 대중의 반란'으로 규정하기 어렵다. 한국의 반지성주의는 경제학이나 사회학으로 해결할 수 없는 어떤 '향락^{jouissance}'의 문제를 내포한 것이다. 이 금지된 쾌락, 쾌락 원칙을 넘어가는 고통스러운 향락의 체험을 공유하는 관계에서 출발하는 것이 바로 한국의 공동체 의식이고, 이런 맥락에서 한국의 반지성주의는 민족주의와 뫼비우스의 띠처럼 서로 연결된 것이라고 할 수 있다.

한국 역시 미국과 마찬가지로 반지성주의는 한국 대중문화를 비롯해 사회 전반을 '코드화^{encoding}'한 구조다. 반지성주의는 말 그대로 징후이고, 구조의 문제이지 개인의 취향 문제가 아니다. 게다가 반지성주의는 좌우파라는 이념적 지형을 넘어서 작동하는 기제이기도 하다.

반지성주의는 한국에 '참다운 지식인'에 대한 문제와 다른 차원에 놓인 사안이다. 21세기 한국 사회에 안토니오 그람시가 언급한 의미에서 존재하는 그 '유기적 지식인'은 존재하지 않는다. 존재하고 싶어도 존재할 수 없는 조건이 돼버린 것이다. 한국에서 지식인 비슷하게 남은 존재는 러셀 자코비가 정의한 학자연하는 '지식 경영인^{academe}' 정도다.[2] 제도권과 비제도권의 구분이 없어졌고, 기성과 재야의 변별이 무색해진 상황에서 오직 횡행하는 것은 프로젝트형 지식 기능인들이다. 이런 상황은 한국판 '지식인의 종언'을 보여준다. 과거 그람시나 장 폴 사르트르가 이야기했던 그 '지식인'은 이제 종적을 감춘 것이다.

이런 사실이 정확하다면 지금 벌어지는 반지성주의의 풍경은 확실히 아이러니한 것이다. 말하자면 한마디로 반지성주의는 부재하는 지식인에 대한 적대감이자 불신이다. 한국 사회에서 '지식인'이라는 기표는 부재의 자리를 채우는 일시적 대상일 뿐이고, 반지성주의는 민족주의와 마찬가지로 어떤 숭고 대상을 소유할 수 없는 구조에서 이 불가능성의 이유를 설명하기 위해 발명된 '합리적 설명'일 뿐이다. 과거 전형적인 반지성주의적 현상이라고 할 수 있었던 일이 바로 심형래 감독의 영화 〈디 워〉를 둘러싼 소동이었다. 이 사태는 "영화 비평가들 때문에 〈디 워〉와 심형래 감독이 불이익을 당하고 있다."는 '집단적 체화의 공유'에서 비롯됐다고 볼 수 있다. 이 발화는 "○○○ 때문에 우리의 향락이 실현 불가능하게 됐다."는 요구demand 상태의 공식을 정확히 따르고 있다.

　반지성주의는 '먹고사니즘'이라는 경제주의와 섭동하는 판타지라고 할 수 있다. '오직 경제가 제일'이라는 이런 믿음은 지난 1997년 경제 위기 이후 한국 사회가 습득한 경험의 산물이다. 나름대로 약육강식의 경쟁 구조에서 살아남기 위한 맹렬한 생존의 논리이지만, 이 논리는 불평등의 구조 자체를 바꿔야 한다는 생각을 차단하기 위해 동원된다. 이 생존의 논리는 불평등의 구조를 더욱 완벽하게 만들고 싶다는 욕망과 결합한다. 왜냐하면 이 내부 경쟁의 구조야말로 향락의 반복을 끊임없이 가능하게 해줄 것 같기 때문이다. 반지성주의는 바로 이 향락의 지속을 방해하는 '지식인'을 향한 대중의 분노다. 문제는 이런 분노가 오해와 달리 '보수주의적인 것'이 아니라는 사실에 있다. 그렇다고 자본주의를 넘어가자는 좌파적 전망에 동의하는 것도 아니다.

결국 한국의 대중이 선택할 수 있는 것은 '한국식 자본주의'를 더 완벽하게 돌아가도록 만드는 일이다. 한국에서도 흔하게 목격할 수 있는 반지성주의는 특정 세력이 드러내는 불특정 지식인에 대한 반감과 불신의 문제가 아니라 유토피아의 꿈마저 상실한 한국 사회의 생존 논리가 다른 모습으로 튀어나온 것이라고 볼 수 있다. 반지성주의에 대한 탐색은 이런 의미에서 '포퓰리즘'이라는 말로 쉽게 규정되고 마는 '인민의 정념people's passion'을 이해하기 위한 하나의 통로다. 이런 의미에서 반지성주의는 결코 '미개한 한국인'의 야만성을 보여주는 현상이 아니다. 오히려 반지성주의는 이른바 자유주의라고 불리는 근대적 통치성에 내재한 논리이기도 하기 때문이다.

통치성의 문제와 반지성주의의 관계를 좀 더 살펴보겠다. 토머스 홉스는 다음과 같이 말한다.

풍부한 경험이 심려라고 한다면 풍부한 학문science은 학식sapience이다. 우리는 일반적으로 두 가지를 일러 지혜wisdom라고 부르지만, 라틴인은 언제나 심려prudentia와 학식sapientia을 구별해 전자를 경험, 후자를 학문의 결과로 생각했다. 이 둘의 차이를 좀 더 명확히 파악하기 위해 서로 다른 두 사람을 다음과 같이 가정해보자. 한 사람은 본래부터 무기를 다루는 데 탁월한 능력과 기교를 갖추고 있고,

다른 한 사람은 그가 공격하고 방어할 수 있는 모든 자세를 학문적으로 습득하고 있다고 생각해보자. 전자와 후자의 관계는 심려와 학문의 관계와 같은 것이다. 쌍방 모두 유용하겠지만, 후자만 놓고 보면 틀릴 일이 없다. 그러나 눈먼 자처럼 책의 권위만을 신뢰해 무작정 따라가는 자는 검술 교사의 틀린 법칙을 굳게 믿는 나머지 결국은 죽임을 당하거나 치욕을 안길 것이 틀림없는 적을 향해 무모하게 달려드는 자일 따름이다.[3]

홉스의 진술에서 흥미로운 것은 심려와 학식을 대립하면서 전자를 경험, 후자를 학문의 결과라고 말한다는 점이다. 물론 이런 홉스의 주장은 형이상학의 도그마주의를 비판하기 위한 것이다. 그러나 과학의 경험주의를 통해 형이상학의 맹목을 극복하려는 홉스의 사상은 결과적으로 지식의 위계성과 경험의 탈위계성을 대립한다. 말하자면 교육과 학습을 통해 습득해야 하는 지식은 결코 모두에게 공평하지 않은 반면, 경험은 모두에게 공평하게 작용한다는 것이다. 홉스는 이런 입장에서 학문적 지식보다 실천적 경험을 우위에 둔다고 할 수 있다. 아무리 무예의 지식을 완벽하게 습득했다고 해도 그 지식은 실제 전투에서 무용지물이다.

이렇게 지식과 경험을 분리함으로써 홉스는 데마고그, 다시 말해 지식인의 권위를 인정하지 않는다. 더 나아가 홉스는 혹세무민하는 선동으로부터 인민을 보호하기 위해 참주sovereign가 데마고그의 발언을 제한해야 한다고 주장한다.[4] 인민을 위해 '표현의 자유'를 억압해야 한다는 이런 논리는 '독재'의 의미를 되새겨보게 만드는 말이기도 하다. '민주주의를 위한 독재'라는 아포리아는 여기에서 확연하게 드러나기 때문이다. 어떤 독재든 인민을 내세우지 않는 경우는 없다. 독재의 본질은 참다운 주권자가 인민을 보살핀다는 논리에 있다. 이런 논리를 가능하게 만드는 권력의 구조가 바로 독재인 셈이다. 카를 슈미트의 의미에서 헌법을 수호하는 위임적 독재이든 '참된 헌법'을 제정하기 위한 주권적 독재이든 그 독재의 본질은 '예외 상태'를 정당화할 수 있는 인민의 지지다.

그러나 인민은 이미지로 연출될 수 있을 뿐 실체적으로 확증할 수 없다. 인민이든 시민이든 대중 또는 데모스를 무엇으로 동일화할 때마다 언제나 거기에서 배제되는 것이 있다. '촛불 시민'은 시민의 자격을 갖추지 않은 야만인들을 배제한다. 이 시민의 자격을 얻기 위해 대중은 법을 내면화해야 한다. 야만인들이 시민의 자격을 얻으려면 '주인의 언어'를 습득하는 수밖에 없다. 그 '주인의 언어'는 법을 구현한 체제의 논리이기도 하다. 이것이 바로 '공화국'의 구조다.

홉스의 '리바이어던'은 이런 고전적 공화주의에 사회 계약이라는 개념을 덧붙인 통치론이다. 인민은 교육과 학습을 통해 '주인의 언어'를 배움으로써 시민의 자격을 획득하는 것이 아니라 계약을 통해 시민이 된다. 이 계약을 추동하는 것은 그 무엇도 아닌 죽음에 대한 공포다. 자연 상태에 내던져졌을 때 인간은 만인에 대한 만인의 늑대가 되기 때문에 부득

이하게 국가를 통해 이를 제어해야 하는 것이다. 이때 국가는 더 거대한 폭력으로 작은 폭력들을 막는 기능을 한다. 여기에서 주목해야 할 지점은 홉스의 주장에 담긴 사회 계약의 의미다. 계약은 기본적으로 쌍방의 동등성을 전제한다. 이런 명제에 따르면 홉스의 통치론에서 국가와 개인은 동등한 관계를 형성해야 한다. 그러나 국가와 개인은 결코 동등한 관계를 이룰 수 없다. 국가는 모든 개인을 합친 것보다 작다. 따라서 국가는 결코 개인을 재현하지 못한다.

문제는 이 지점에서 발생한다. 무리에 불과한 대중이 국가와 계약을 맺음으로써 인민이 되고, 이렇게 탄생한 인민은 '궁극적 목표finis ultimus'나 '위대한 선summum bonum'을 따르기보다 권력을 향한 욕망의 기계다. 고통스럽고 불쾌한 것을 피하고 편안하고 즐거운 것을 추구하는 존재가 바로 인민이다. 이런 전제에서 '자연법'의 개념이 재정립되는 것이다. 홉스에 따르면 '자연법'이란 인간 스스로 자신의 생명을 파괴하지 않으려는 자기 보전의 법칙이다. 자신의 안전과 쾌락을 추구하는 것은 자연의 법칙이고 따라서 이런 법칙에 따라 자기 발전을 도모하는 것이 곧 인민의 권리인 것이다. 그러므로 법과 권리는 서로 연결됐지만, 결코 같은 것일 수 없다. 권리는 무엇인가를 할 수 있는 자유liberty라는 점에서 법과 결합했음에도 법과 동일시될 수 없다.

인민은 욕망의 존재로서 형이상학적 이상이 아니라 당장 일상에서 당면하는 작은 목표와 사소한 선을 달성하기 위해 자신의 권리를 행사해야 한다. 그렇지 않은 '궁극적 목표'나 '위대한 선'은 자연의 법칙을 거스르는 망상일 뿐이라는 것이 홉스적 자유주의 사상의 핵심이다. 홉스의 통치론은 17세기 당시 중간 계급이었던 부르주아에게 도덕에 대한 새로운 관점을 제공하는 유물론적 사상이었다. 홉스의 유물론은 오늘날까지 이어지는 부르주아의 세계관을 지배하는 근대적 이념의 뿌리에 해당하는 것이다. 이 세계관은 한때 진보적이었지만, 지금 우리가 당면한 문제의 기원이기도 하다.

홉스의 주장은 반지성주의라고 부를 수 있는 현상에 이해의 실마리를 제공한다. 지금까지 살펴봤듯 반지성주의는 자유주의적 근대 내부에 도사린 하나의 원리일 수 있는 것이다. 홉스가 지식과 경험을 대립하면서 후자에 우위를 부여했을 때 반지성주의는 도그마주의에 대항하는 진보적 의제로 자리매김한다. 지식이 학습 능력에 좌우되는 것과 달리 경험은 누구에게나 동일하게 작용한다. 절대적 진리 따위는 존재하지 않고 경험에 근거한 작은 실천이 중요하다는 이런 인식은 정치의 문제가 쾌락주의로 귀결하게 되는 결과를 낳는다. 이 쾌락주의야말로 반지성주의의 토대라는 것이 내 생각이다.

반지성주의에서 핵심은 지식인에 대한 반감이다. 이 반감에 지식인을 기득권으로 바라보는 관점이 결합하면 이른바 '포퓰리즘'으로 명명되는 현상이 발생한다. 그러나 랑시에르가 적절하게 지적했듯 인민에 대한 이런 인식 방식 역시 순수한 것은 아니다. 왜냐하면 반지성주의를 옹호하든 반대하든 실질적으로 이들이 공유하는 인민의 이미지는 동일하기 때문이다. 랑시에르의 수수께끼 같은 명제 "인민은 존재하지 않는다."는 주장은 동일한 인민의 단위가 아닌 인민이라고 불리는 대상을 표현하는 서로 충돌하는 이미지와 형상, 특질들과 능력들이 있을 뿐이라는 점을 강조한다.[5] 이런 의미에서 반지성주의에 대한 옹호자든 반대자든 기본적으로 인민을 지성과 지식을 갖추지 못한 존재로 상정한다는 점에서 같은 지점을 딛고 서 있는 셈이다. '인민은 반지성적이고 무지하다. 그래서 지식인의 말을 이해하지 못하거나 오해한다.'는 전제에서 이런 옹호와 반대가 출현하는 것이다.

따라서 반지성주의는 문제의 원인이라기보다 사후적 증상이라고 할 수 있다. 반지성주의가 말하는 '지식인'이야말로 실체 없는 존재일 수 있다는 사실에 주목할 필요가 있다. 그람시가 이야기했던 그 '유기적 지식인'은 실제로 특수한 시공간성의 산물일 공산이 크다. 서발턴subaltern의 대변자인 '지식인'은 과연 가능한가. 그람시 자신은 인민의 상식common sense과 지식인의 양식good sense을 연결할 하나의 통로로 정치를 상정했다. 이때 상식과 양식의 관계는 위계적인 것이 아니라 위상학적인 것이라고 할 수 있다. 그람시가 말하는 양식은 사실 지식인의 철학을 의미한다. 그람시의 용어법에서 상식은 특정 시기와 환경에 따라 만들어진 산만하고 분절적인 사유의 일반 형식이고, 양식으로서 체계화된 철학은 수미일관하고 비판적인 지적 실천을 의미한다.[6]

그람시의 논의에 따라 정치가 이 둘을 연결하는 것이라고 할지라도 본질적으로 지식인의 철학은 체계화하지 못한 인민의 언어를 다듬고 정련해야 할 실천적 의무를 가진다. 이런 그람시의 생각은 쾌락주의에 비판적 대안을 제시하는 것이긴 하지만, 동시에 자유주의 본연의 전문가주의를 넘어서지 못한다. 지식은 특정한 체계성을 갖는 순간 항상 도그마주의의 위험성에 노출될 수밖에 없다. 이 도그마주의에 대한 경계가 반지성주의의 토양을 가능하게 만든다고 봐야 할 것이다. 따라서 반지성주의는 '상식적 인민'과 일정하게 분리되는 지식인이나 전문가라는 양식의 체현자를 전제하는 한 계속 유령처럼 출몰하는 문제다. 이런 측면에서 반지성주의는 기원적이진 않지만, 그럼에도 하나의 문제라는 점에서 외면하거나 무시할 수 없는 증상이라고 할 수 있다.

반지성주의를 일컬어 자유주의적 근대에 내재한 모순적 대중의 산물이라고 할 수 있다면 이 문제에 대한 다른 관점을 확보할 수 있을 것이라고 본다. 어떻게 보면 반지성주의는 대중의 재현 체계라기보다 거기에 반대하는 기동이다. 루이 알튀세르가 정의한 것처럼 이데올로기가 현실 대상을 가진 지식 체계라는 점에서 반지성주의 역시 대중의 사상이라기보다 이미 지식을 갖춘 지식인의 사상이라고 보는 것이 옳다. 대중은 반지성주의를 가진 것이 아니라 반지성적으로 재현될 뿐이다. 이미 이데올로기적 렌즈를 통해 대중은 반지성적인 것으로 받아들여지고 있다. 반지성주의를 옹호하든 반대하든 반지성주의는 대중을 '언제나 이미' 무지한 존재로 상정하는 것이다. 그러나 이 무지한 존재는 사실 지성적 존재라고 스스로 믿는 당사자들의 머리에서 상상된 대상에 지나지 않는다.

반지성주의는 홉스의 견해처럼 데마고그의 선동에 대중이 쉽게 놀아난다는 사실을 은연중에 가정한다. 반지성주의를 설파하는 이들은 대중을 진정으로 대변하는 '참주'의 가능성을 배제하지 않는다. '참주'는 대중을 '대신'해 생각하고 판단하는 존재다. '경험의 평등'을 주장하는 홉스가 이런 '참주'의 가능성을 열어두는 것은 분명 역설이다. 그러나 이런 역설에서 우리는 반지성주의라는 증상의 모순도 확인할 수 있다. 반지성주의는 겉으로 보기에 '지능의 평등'을 주장하는 것처럼 보이지만, 사실 지성의 역량을 부정한다는 점에서 지식의 무기력화를 시도한다. 호프스태터가 지적했듯 오늘날 목격할 수 있는 반지성주의는 상당 부분 권력 엘리트에 대항하는 중간 계급의 '자수성가' 내러티브와 무관하지 않다. 미국의 중간 계급은 '금수저'보다 '흙수저' 출신이지만, 출세한 정치인을 지도자로 옹립하고자 한다. 이런 정경은 지금 한국에서 벌어지는 모습과 크게 다르지 않은 것처럼 보인다.

결론을 내리자면 한국의 반지성주의는 미국의 경우와 마찬가지로 중간 계급의 저항 담론이면서 동시에 쾌락의 평등주의를 추구하는 사상이라고 정의할 수 있다. 이런 의미에서 반지성주의는 결코 '무지한 대중'의 특성이 아니라 자기 자신을 전문가를 비롯한 권력 엘리트와 대립하는 중간 계급의 대응이라고 봐야 한다. 이 반지성주의의 목표는 다른 무엇도 아닌 "너도 즐기는 것만큼 나도 즐겨야 한다."는 도덕주의적 규범을 정립하는 것이다.

그러나 이 도덕주의적 규범은 제대로 작동하지 않는다. 다음과 같은 사례는 어떤가. 삼성 이건희 회장의 성매매 동영상이 〈뉴스타파〉를 통해 보도되자 다양한 반응을 접할 수 있었다. 은밀하게 불법을 저지른 재벌 회장의 부도덕함을 질타하는 목소리도 있었고, 삼성 계열 언론사들이 이 사실을 제대로 보도할지 지켜보자는 목소리도 있었다. 정반대로 선정적 〈뉴스타파〉의 보도 태도를 문제 삼는 목소리도 있었다. 그러나 내게 흥미로웠던 반응은 이 보도를 접한 장삼이사들의 것이었다.

평범한 직장인인 한 후배는 굉장한 모델들을 데리고 '고급스럽게' 흥청망청할 줄 알았던 재벌 회장이 보여준 '초라한 모습'에 충격을 받았다고 했다. 아무리 돈이 많아도 결국 요즘 유행하는 말로 '한남^{한국 남자}'에 불과하다는 사실에 당혹스러웠다는 것이다. 이 충격과 당혹의 실체는 무엇일까. 결론부터 말하자면 재벌 회장의 실상이 부르주아 계급에 대한 일반적 상상과 부합하지 않았기 때문에 이런 괴리감이 출현한 것이라고 할 수 있다.

물론 재벌을 비롯한 '사회 권력층'의 치부에 대한 이야기는 전혀 낯선 것이 아니다. 영화 〈내부자들〉에서 그려지는 기자와 재벌, 그리고 정치인의 '파티'는 거의 '동물의 왕국'이다.

따라서 이번 보도를 통해 재벌 회장의 추잡스러움을 드러내려고 했던 〈뉴스타파〉의 시도가 스캔들을 만들어내려는 것이었다면 실패했다고 말할 수밖에 없다. 이런 보도는 정확히 포르노그래피의 원리를 보여준다. 포르노그래피라서 잘못됐다는 뜻이 아니다.

원래 포르노그래피는 귀족의 부도덕성을 성적 문란에 빗대어 공격하고자 했던 부르주아 계급의 발명품이었다. 포르노그래피는 정치 팸플릿의 단골 메뉴였지만, 나중에 선정적 에로티시즘이 본래의 맥락에서 분리돼 하나의 에로물로 발전한 것이다. 포르노그래피의 목적은 정치적으로 적대 관계에 있는 계급이 얼마나 부도덕한 집단이고 타락한 상대들인지를 극명하게 보여주기 위한 것이다. 정치 팸플릿으로 출발한 포르노그래피가 상업적 에로물로 바뀌는 과정에서 결정적 역할을 한 것은 바로 시장 논리였다.

정치적 목적에 대한 대중의 지지는 부르주아의 시대에 자연스럽게 소비자의 구매욕으로 대체됐다. 자유주의가 보장하는 '시장의 정의'라는 테두리에서 포르노그래피의 선정성은 '미풍양속'을 해친다는 우려에도 일종의 상품으로서 일정하게 허용된 것이다. 이런 까닭에 기본적으로 '국민의 알 권리'를 최우선에 내세울수록 어떤 언론도 포르노그래피의 원리에 근거한 황색 저널리즘에서 자유로울 수 없다는 것이 아이러니다.

지금은 까맣게 잊혔지만, 과거를 돌이켜보면 이와 비슷한 일들이 반복해 일어났다. 학력 위조 의혹으로 엄청난 파문을 일으켰던 신정아 씨가 『4001』이라는 책을 냈을 때 이른바 진보를 표방하는 인터넷 매체들이 앞다퉈 호의적 보도를 내놓았다. 실명으로 등장하는 명망 있는 파워 엘리트들의 이면에 대한 '폭로'와 '고백'이 책을 구성하는 기본 골격이었고, 사실 확인이 어려운 사적 진술이 주를 이뤘다. 그러나 중요했던 것은 사실 확인이었다기보다 그 책이 드러내는 선정성이었고, 이른바 '조회 수'를 높이기 위해 이보다 좋은 '떡밥'은 없었다.

사실 영국에서 황색 저널리즘을 대표하는 『선The Sun』이나 『데일리 미러Daily Mirror』는 과거에 노동조합의 기관지로 출발했다. 정론에 따른 보도가 주목을 덜 받고 선정적 보도가 더 많은 관심을 끄는 것은 자본주의 시장 경제가 만들어내는 특이한 현상이라고 할 수 있다. 한국도 이제 예외가 아니다. 언제부터인가 진보 언론의 인터넷 홈페이지에 주렁주렁 달리기 시작한 온갖 선정적 광고들에 독자들은 무감각해졌다. 이처럼 자본주의 시장은 사물을 모두 등가 교환의 방식으로 낱낱이 쪼개 같은 가치로 만들어버린다. 정론 직필이든 사실 확인이 어려운 헛소리이든 인터넷에 올라가면 모두 '클릭 한 번'으로 존재할 뿐이다.

스캔들로 퍼지진 못했지만, 나는 〈뉴스타파〉의 보도가 아주 의미 없었다고 생각진 않는다. 삼성을 '자본주의의 정상성'에 적합하지 않은 기업으로 바라보는 일각의 시각을 반영했다는 점에서 흥미로운 논점을 제공하기 때문이다. 재벌 회장의 불법 성매매는 이런 맥락에서 '자본가 이건희'의 아우라를 일정하게 해체했다고 볼 수 있다. 최소한 '삼성 자본의 인격화'로서 이건희라는 개인은 더는 거론할 수 없게 됐다.

카를 마르크스는 『자본』에서 수전노와 자본가를 구분한다. 수전노가 돈을 사랑한다면, 자본가는 자본 축적을 통한 사회적 지배 곧 '사회적 성공'을 사랑한다는 것이 그의 분석이다. 이런 마르크스의 주장에 따르면 돈이 많다고 아무나 존경받는 부르주아가 될 수 있는 것이 아니다. 자본주의의 상승기나 위기 국면에서 성공을 거머쥐는 부르주아는 대체로 노동자나 농민 또는 중소 상공인의 자식이었다. 그래서 마르크스의 말처럼 이들은 가슴속 깊은 곳에 노동에 대한 원초적 향수를 간직한다. 이런 까닭에 성공한 부르주아야말로 자본주의 사회에서 가장 훌륭한 노동자의 롤모델인 것이다.

한창 한국에서 정보 기술 산업의 붐이 일어날 때 아이러니하게도 이건희 회장은 부인 빼고 모든 것을 다 바꾸라고 주문했던 파격의 상징이기도 했다. 삼성을 애플사에 비교하고, 이건희 회장을 스티브 잡스에 비기는 분위기도 그때 만들어졌다. 그러나 이번 보도는 이런 비교 자체를 없애버렸다. 마르크스가 말한 '자본의 인격화'로서 헌신한 자본가는 공개된 동영상에 없었다. '노욕'에 사로잡힌 한 평범한 인간이 화면을 채웠던 것이다.

그럼에도 왜 이런 '사실'은 폭로의 수위에 비해 그렇게 큰 파장을 미치지 못한 것일까. 바로 그 비밀이 마르크스의 분석에 들어 있다고 본다. 이 보도가 이건희 회장을 부도덕한 인격체로 폭로할 수는 있었지만, 노동자의 롤모델로서 그의 존재를 지울 수 없었기 때문이다. 이른바 '접대'라는 것이 일상화된 한국에서 성매매가 '불법'이 된 것은 정말 최근의 일이다. 지금도 어디에선가 법망을 피한 성매매가 완전히 근절되지 않은 것이 사실이지 않은가. 한국에서 성매매에 대한 인식은 여전히 '천한 노동'이라는 관습적 편견에 밀착됐다. '몸뚱이 하나로 먹고 산다.'는 한국 특유의 '먹고사니즘'이 성매매에도 투사된 것이다.

이 문제는 '성매매도 노동이다.'는 추상적 논의 너머에서 이미 강제된 선험적 규범이다. 이런 배경에서 성매매의 문제는 노동자 문화와 연결돼 있다. 나는 1980년대 때 현장에 투신했던 한 '운동권' 선배로부터 '노동자 속으로' 들어가기 위해 '업소'에 갔다가 심각한 고민에 빠진 경험담을 듣기도 했다. 이처럼 성욕의 문제는 노동의 문제이기도 했다. 물론 이 상황이 한국이라서 특수한 것은 아니다. 일찍이 성욕의 문제를 노동력 또는 인구와 연결한 이들은 토머스 로버트 맬서스 같은 영국의 사상가들이었다.

『인구론』에서 맬서스가 말하는 인구의 원리라는 것은 사실 성욕을 자연의 법칙으로 간주하는 관점에 근거하는 것이다. 불규칙한 성욕을 조절해 '건전한 결혼'으로 수렴하는 것만이 인구의 원리를 통해 초래될 수 있는 위험을 예방할 수 있다는 것이 그의 주장이었다. 성욕을 제거할 수 없듯 인구의 문제는 예방의 문제라는 점에서 근본적 해결책은 없다. 성욕은 가족 부양이라는 의무감을 통해 조절이 가능하다. 맬서스에 따르면 가족 부양의 의무를 의식할 때, 말하자면 가족주의라는 규범을 내재화할 때 비로소 개인은 성욕을 자제할 수 있다.

자연의 원리에 지배받는 것이 인구이기 때문에 맬서스의 입장에서 빈곤의 문제는 정부의 형태나 불평등한 재화의 분배 때문에 발생하는 것이 아니다. 부자가 빈자를 권리에 의해 고용하는 것이 아닌 것처럼 빈자도 부자에게 고용을 요구할 권리를 갖지 않는다는 것이 맬서스의 논리다. 이런 방식으로 인구라는 개념은 정치적 권리를 가진 주체인 인민을 기각한다. 정치적 주체인 인민을 부정하는 인구는 오직 통계적 수치로만 존재하는 '경제적 인간'의 다른 이름이다.

'자본가 이건희'의 '노욕'은 성욕을 '자연의 원리'로 바라보는 이데올로기의 산물이라고 할 수 있다. 그렇다면 이 자본가를 바라보는 노동자의 시선은 얼마나 '자본가 이건희'에서 벗어났는지 물을 수 있다. 둘이 그렇게 크게 다르지 않기 때문에 〈뉴스타파〉의 보도가 스캔들로 확산되지 못했다는 것이 내 생각이다. 어떻게 생각하면 〈뉴스타파〉의 보도 자체가 '자본주의의 정상성'이라는 규범을 전제하고 '자본가 이건희'가 이 정상성에 들어맞지 않는다는 사실을 폭로하고자 했을 것이다. 그러나 지금 그 영상에 등장한 '비정상적 자본가'가 정상적 자본가가 된다는 것은 무엇을 의미할까.

인간을 '권리'의 존재가 아니라 성욕이라는 자연의 법칙, 다시 말해 인구의 원리에 지배받는 존재로 보는 맬서스주의적 세계관은 한국 자본주의를 구성하는 원리인 것처럼 보인다. 이런 원리는 시장의 자연화를 통해 경쟁을 진화의 절대 원칙으로 설정하는 신자유주의 경제 이론과 놀라운 친화력을 발휘한다. '자본가 이건희'의 성매매 보도는 이런 의미에서 '상류층의 타락'을 보여주는 동시에 우리를 지배하는 어떤 이데올로기의 이면을 환하게 드러내는 거울상이라고 할 수 있다.

우리의 악은 먼 곳에서 시작됐다

　2017년 박근혜 정부가 극적으로 몰락했다. 4년간 강고하게 보였던 권력의 아성이 순식간에 무너진 것이다. 오직 대통령 자신만이 이 상황을 받아들이지 못하는 것처럼 보인다. 비선 실세와 그에 공모한 이들이 쏟아내는 진술들은 이 모든 문제의 '원인'으로 대통령을 지목했다. 대통령은 숨었던 배경에서 불려 나와 전면에 서게 됐다. 한때 '레이저를 발사하는 눈빛'으로 유명했던 박근혜라는 개인의 이미지는 이제 대통령이라는 권력을 이용해 온갖 '나쁜 쾌락'을 탐닉한 '욕망의 존재'로 전락해버렸다.

　대통령이 사사로운 이익을 위해 공적 권력을 남용했다는 혐의는 자명하다. 이런 명확한 증거들은 박근혜라는 개인을 공직 수행에 적합하지 않은 인물로 각인하게 만든다. 그러나 진실은 단순하지 않다. 과연 박근혜가 그렇게 자질 부족이었다면 그를 청와대로 보낸 이들은 무엇을 했던 것인가. 지금 와서 몰랐다고 발뺌하는 것은 우스운 노릇이다. 이미 각료들은 제대로 대통령을 독대해 보고도 올리지 못했다. 이상 징후는 처음부터 감지됐지만, 이 정부에 몸담은 누구도 이 사실을 공개적으로 문제 삼지 않았다.

박근혜가 '벌거벗은 임금님'이었다면 누군가 나서서 그 사실을 알렸어야 한다. 일신의 안위가 걱정됐다면 대나무 숲에 가서라도 고백했어야 한다. 그러나 최순실 게이트가 터지기 전까지 모두가 쉬쉬하면서 입단속을 하기에 바빴다. 이화여대 학생들이 학내 문제로 농성을 이어가지 않았다면 이 사실은 대통령의 임기가 끝날 때까지 감춰졌을지도 모른다. 국정 농단이 4년간 자행됐음에도 한 나라를 책임진다는 명목으로 자리를 차지하고 앉은 이들이 자신들의 안위만을 걱정했다는 뜻이다.

이 사실이 말해주는 것은 자못 심각하다. 박근혜라는 이름은 개인의 명명일지 모르지만, 체제의 일부라는 사실이 이 지점에서 드러나는 것이다. 돌이켜보면 박근혜라는 이름은 왜 호출됐는가. 결론부터 말하자면 대한민국이라는 국가의 문제를 해결하기 위함이었다. 까마득히 잊힌 것처럼 보이지만, 박근혜라는 이름이 불려나올 그 당시에 쟁점은 바로 경제 민주화였고 복지 국가의 추진이었다. 박근혜는 다른 무엇도 아닌 평등의 이름으로 호명된 것이다. 이 평등을 달성하기 위해 가장 필요로 하는 것이 강력한 리더십이라고, 그때 박근혜 지지자들은 믿었다. 왜 박근혜 지지자들은 이런 생각을 했던 것일까. 이것이 2012년에 내가 품은 궁금증이었다. 말하자면 이 박근혜라는 우리의 '악'은 먼 곳에서 시작된 것이었다. 손쉽게 이 문제를 '박정희 향수'라고 규정한 채 넘어가는 것은 너무도 순진한 게으름이었다.

지금 와서 누구도 반박하지 않겠지만, 박근혜 정부는 기본적으로 민주주의에 반하는 집단이었다. 박정희 체제를 계승한다는 명분에서 확인할 수 있듯 박근혜 정부는 '자유 민주주의'를 수호하기 위해 또는 효율적 경제 발전을 위해 '자유 민주주의'를 위반할 수 있는 예외성을 권력에 부여해도 괜찮다고 생각했다. 측근 비리가 발생할 수밖에 없는 구조였던 셈이다. 역설적으로 박정희 체제의 명분은 '자유 민주주의'였지만, 어디까지나 이런 논리는 자유주의에 반하는 것이었다. 자유주의에서 정치라는 것은 대화를 통한 이해관계의 조정이어야 한다. 그러나 박정희 체제에서 경제라는 것은 인구와 자원의 확보를 통한 생산력 증대 이상도 이하도 아니었다.

박근혜를 통해 박정희를 본 이들에게 중요했던 것은 독재를 해서라도 경제를 발전시키는 것이지 민주주의에 기초한 낭비적 정치 상황이 아니었던 것이다. 실제로 박정희의 유신을 중공업 중심의 경제 발전을 위한 결단으로 이해하는 지지자도 많았다는 것은 의미심장하다. 심지어 통일을 위해 북한과 비슷한 체제를 만들고자 했다는 믿기 어려운 '증언'도 있을 정도다. 사실 여부와 관계없이 이것이야말로 박정희 체제의 '진리'를 말해주는 증상일 것이다. 박정희 체제를 민주주의와 대립해 단순하게 '악'으로 규정하는 것만으로 문제를 해결했다고 말하기 어려운 이유다. 오히려 독재는 민주주의의 결함을 극복하고 지도자와 '국민'이 혼연일체를 이루고자 하는 열망의 산물이기도 하기 때문이다. 도덕의 범주는 대립 구도를 만들어내 사안을 선택의 문제로 보게 만든다. 박정희의 유령은 이런 도덕의 범주로 체제의 문제를 판단했기 때문에 끊임없이 돌아오는 것이라고 할 수 있다. 정치에서 배제된 인민 주권의 과잉, 장 자크 루소의 표현을 빌리자면 '일반 의지'에 대한 충동을 드러내는 증상이 바로 박정희의 유령이다.

'국민'이 원한다는 전제에서 독재라는 사태는 민주주의라는 측면에서 보면 오히려 의회 제도보다 훨씬 효율성을 가진 것처럼 보인다. 독재는 이렇게 효율성이라는 측면에서 자유주의의 '통치 기술'을 압도한다. 결과적으로 1인의 독재자는 다수의 '국민'을 대리해 '국민'의 의지를 완력으로 관철하는 것이기에 다수의 의견이 서로 다툼을 벌여야 하는 의회보다 속전속결이다. 그러나 이렇게 '국민'의 이름으로 행해지는 것은 어디까지나 슈미트가 명제화한 독재라는 예외성이다. 이것이 박정희 체제의 딜레마였다. 권력을 집행하기 위해 독재는 언제나 예외 상황을 조성해야 했다. 정치적 적대자를 '빨갱이'로 몰아서 범죄자로 만드는 것은 이런 예외 상황을 만들어내기 위한 조처였다.

이처럼 박정희 체제는 국가에게 개인의 모든 것을 내맡기는 파시즘이었다. 국가에 개인을 완전하게 귀속함으로써 더 나은 사회로 나아갈 수 있을 것이라는 믿음이 팽배한 시절이었다. 그러나 박정희 체제가 자체적 모순으로 인해 붕괴하고 찾아온 1980년대는 자본주의와 사회주의라는 두 가지 가치가 대립한 시기였다. 1987년 6월 항쟁은 사회주의 운동을 지향하던 학생 운동의 급진성을 대중 운동으로 전환하는 역할을 했다. 이 과정에서 사회주의 이념은 점차 자유주의 이념에 밀려난 것이라고 봐야 할 것이다. 가장 결정적 계기는 현실 사회주의 또는 역사적 공산주의의 몰락이었다.

1987년 이후 한국의 '민주화' 과정에서 만들어진 새로운 '과두정'은 유럽식 다당제보다 미국식 양당제를 선택했다. 돌이켜보면 그 이유는 단순했다. 당시 야권 지도자들에게 민주주의를 요구하는 시민의 저항을 통해 열린 정치적 공간은 '민주화'라는 명분으로 대통령의 자리에 오를 수 있는 절호의 기회였다. 이런 결과가 개인의 야욕 때문인지 아니면 정치적 전망의 한계 때문인지 의견이 분분할 수 있지만, 1987년의 성과는 모두 '대통령 직선제'로 수렴돼 '누가' 대통령이 되는지에 대한 '선택 아닌 선택'으로 한정돼버렸다. 민주주의가 자유롭고 다양한 선택이 가능하다는 환상은 여기에서 깨진다. 물론 이것을 지금의 한계로 보고 '더 많은 민주주의'를 요구하는 것은 정치 운동의 지속을 위해 타당한 것이겠지만, 그렇다고 민주주의라는 정치 체제의 모순 자체를 제거할 수는 없는 노릇이다. 오히려 이 모순이야말로 민주주주에 대한 요구를 지속할 수 있는 요인이라고 이해하는 것이 더 적절할 것이다.

결과적으로 이런 제도의 안착은 다양한 정치 세력의 경쟁을 통해 더 나은 방식을 선택하게 만드는 대화와 타협의 가능성을 축소해버렸다. 이른바 '87년 체제'라고 불리는 이 상황은 강력한 대통령제와 의회제가 공존하는 한국형 민주주의의 구조이기도 하지만, 동시에 한국 사회의 불안정성을 증명하는 것이기도 하다. 결코 제도화할 수 없는 정치적 열망이 끊임 없이 선거 과정을 통해 분출되고, 이것이 의회 정치의 원칙을 뒤흔드는 일들이 지속적으로 반복해 일어나게 된 것이다. 어떤 이들에게 이 상황은 한국의 '후진 정치'를 보여주는 끔찍한 상황이겠지만, 달리 생각해보면 일정한 균열을 내부에 간직한 채 자유주의와 민주주의를 하나로 묶어놓은 자유 민주주의 정치 체제의 근본적 모순을 이런 한국의 정치 현실이 폭로하는 것이라고 볼 수도 있다. 민주주의가 어떤 대통령을 선출할 것인지에 대한 문제로 축소돼버린 것은 한국의 정치 수준 때문이라기보다 민주주의가 선택의 문제일 수밖에 없다는 사실을 증명하는 사례일지도 모른다. 선택하는 것 이외에 다른 것을 선택할 수 없는 아이러니한 상황이 민주주의의 한계다. 마치 '좋아요'만을 선택할 수밖에 없는 페이스북처럼 자유주의에 기반을 둔 '대의 민주주의'의 문제가 '민주화'를 통해 본격적으로 드러나게 된 것이다.

한마디로 '민주화'는 반독재 전선에서 민주주의를 외치던 1980년대의 '투사'가 1990년대의 '자유주의자'로 이행 또는 대체되는 과정이었다. 독재 권력과 직접적으로 충돌해본 경험을 가졌다는 점에서 이른바 386 세대는 민주주의의 원리를 구현한 대표적 시민 세력이라고 할 수 있다. 386 세대 대다수의 윤리는 공동체주의에 더 가까웠다. 그런데 이런 공동체주의를 통해 한때 사회주의 또는 급진적 민족주의에 경도됐던 386 세대가 개인의 권리와 사유 재산을 옹호하는 자유주의의 입장과 결합한 것이 1987년 이후 '민주화'로 불려온 일련의 과정이었다. 386 세대의 변화가 말해주는 것은 무엇일까. 자유주의 이외에 다른 대안은 이제 '쓸모'가 없거나 아니면 공허한 이상론이 돼버렸다는 의미다. 바야흐로 386 세대는 혁명주의를 버리고 1980년대의 경험에 근거해 '불안정한 정치'를 지양할 수 있는 완벽한 '통치 기술the art of governing'의 완성을 '진보'라고 믿는 경향에 힘을 보태게 됐다. 이것이 바로 복지 국가론이라고 할 수 있다.

복지 국가론의 반대편에 있는 이른바 '보수'의 주장은 대체로 시장주의에 가까운 것으로 분류한다. 그러나 복지 국가론이든 시장주의든 둘은 자유주의라는 같은 뿌리에서 나왔다. 전자가 앞서 이야기했듯 변형된 자유주의라면, 후자는 원본 자유주의다. 푸코에 따르면 18세기 후반에 '최소 정부'가 정치의 목적으로 등장하면서 '통치 기술'에 근본적 변화가 일어난다. 푸코는 이것을 '자유주의의 통치성'이라고 불렀다. 푸코는 '경제적 자유'를 자유주의의 핵심으로 파악하면서 이것은 '시장의 자유'와 등치라고 했다.

중세와 르네상스 때 시장은 '정의justice'의 장소였다. 여기에서 '정의'라는 것은 공정하다는 뜻이다. 어원에 따르면 '정의'라는 말은 서로 손해를 끼치지 않는 거래를 의미했다. 자유주의 이전에 시장의 개념이 '정의'의 장소였다는 것은 그만큼 공정한 거래를 위한 규제가 강력하게 작동했다는 뜻이다. 절도나 사기 같은 범죄를 방지하는 것은 물론 부당한 가격이나 거래에 적절하지 않는 물건의 반입을 막아야 했다. 식료품과 같은 기본적 생산물을 구할 수 있는 것은 물론이고 가난하든 부유하든 필요한 물건을 공평하게 살 수 있다는 점에서 시장은 "분배의 정의가 실현되는 특권적 장소"여야만 했다. 이런 시장이라면 중요한 것은 '가격'이라기보다 거래의 공정성이다. 말하자면 물건을 속여 파는 '사기꾼'이 없어야 했던 것이다. 규제의 목적은 가능한 좋은 물건을 유통하는 것을 장려하는 한편 절도나 사기 같은 범죄 행위를 근절하는 것이었다. 이 때문에 시장은 범죄의 시시비비를 가린다는 측면에서 사법의 장소이기도 했다. 그러나 자유주의는 정의의 장소로 받아들여진 시장을 전혀 다른 범주로 변화하게 했다. 시장은 예측 불가능한 메커니즘을 가진 '자연적인 것'으로 받아들여지면서 '진리truth'의 장소로 탈바꿈했다. 규제의 대상이던 '가격'도 '신비한 시장의 작동'을 통해 만들어진 '자연의 산물'처럼 간주됐다. 이와 같은 시장 개념의 변화가 정부에 대한 이해를 완전히 바꿔놓았다는 것이 중요하다.

시장이 '정의'의 장소라고 한다면 정부는 범죄를 단속하는 경찰 노릇에 충실하면 임무 끝이다. 그러나 시장이 '진리'의 장소라고 한다면 행여 이 '진리'에 부합하지 못했을 때 오히려 정부가 비판의 대상으로 전락하는 것이다. 앞서 논의한 '불신'의 원천이 여기에 있다고 볼 수도 있겠다. "좋은 정부가 되려면 진리에 따라 정부가 기능해야 한다는 것을 시장이 의미"하게 됐다. 결과적으로 자유주의의 '통치 기술'은 시장의 '진리'를 따르는 정부의 기능을 지칭한다. 정부 운영과 경제를 결합하는 정치경제학이 '국정 철학'으로 들어서게 되는 것이 이런 까닭이다. 이로써 정치의 목적은 경제의 발전 또는 안정에 있다는 자유주의의 정언 명령이 완성된다. 자유주의가 전제하는 시장의 '자연성' 또는 '진리'라는 것은 개인적 경제 활동의 자유를 사상의 중심에 놓았던 자유주의의 발명품이다. 말하자면 역사적 과정에서 언제든 소멸할 수 있는 운명에 처한 것이 바로 이런 '진리'인 것이다.

자유주의가 이상으로 내세우는 정부는 시장의 '진리'를 침해하지 않는 '최소 정부'다. 시장에 대한 무한한 자유를 허락하며 스스로 제한하는 검소한 정부야말로 자유주의의 이상이다. 그런데 이렇게 됐을 때 또 다른 문제가 발생한다. 푸코가 지적했듯 정치경제학에 조응하는 공공의 법에 대한 고민이다. 과거 시장에 대한 규제가 법의 주요 기능이었던 반면, 이제 시장의 경제 활동에 사법적으로 개입할 수 없는 조건에서 공공의 권력을 실행하기 위한 법은 어떤 근거에서 마련돼야 하는 것인지 애매하기 그지없는 것이다. 이 근거를 찾는 방식에서 자유주의는 두 갈래로 나뉜다.

하나는 루소처럼 "모든 개인에게 속해 있는 자연적이고 기원적인 권리"를 통해 "어떤 조건에서 어떤 이유로 그래서 어떤 이상이나 역사적 절차를 통해" 그 권리를 제한하거나 인정

할지 결정하려는 태도다. 또 다른 하나는 "정부의 운영에 대한 고찰에서 출발해 이런 통치성을 구성할 수밖에 없는 현재적 한계라는 측면에서 그것을 분석"하고자 하는 태도다. 푸코는 전자를 혁명적revolutionary 접근이라고, 후자를 급진적radical 접근이라고 명명한다. 천부 인권 사상을 염두에 둔다는 점에서 혁명적 접근은 정부보다 자연법에 따른 개인의 권리를 우선순위에 두는 입장이다. 통치성의 한계를 개인의 권리로 설정해 이를 보장하지 못하는 정부는 없애버려야 한다는 논리가 가능하다. 다시 말해 개인의 권리가 정부의 합법성을 보장하는 것이다. 한편 급진적 접근은 오늘날 생각해보면 전혀 급진적이지 않을지도 모르는 효용성untility에 초점을 맞춘다. 벤담을 비롯한 영국 공리주의자들이 여기에 해당한다. 여기에서 급진적이라는 말은 '정부나 통치성에 대해 효용성이 있는지 없는지 끊임없이 질문을 던진다.'는 의미를 내포한다. 이렇게 계속 효용성에 근거해 질문을 던진다는 점에서 급진적인 것이다. 공리주의는 '통치 기술'이고, 공공의 법이라는 것은 무한한 정치의 목적을 제한하려는 사법적 기술이다. 이런 면에서 공리주의는 일정하게 전통적 의미에서 개인의 권리를 자연법의 영역에 놓는 혁명적 자유주의의 입장과 차이를 드러낸다.

　루소에게 법이란 의지의 표현이고, 이런 의지란 것은 자명한 근거였다. 그러나 의지의 문제는 앞서 언급했듯 언제나 개인의 의지와 일반 의지 사이에 가로놓인 불일치다. 의지의 표현으로 실행되는 법은 양도된 개인의 의지들이다. 이런 대의 또는 대표의 문제는 해결할 수 없다. 공리주의는 이런 한계를 개인과 법을 서로 떼어놓음으로써 해결하려고 한다. 이런 입장에서 개인은 정부로부터 완전히 독립적 존재다. 이런 독립성을 보장하는 것이 사법이다. 모든 개인은 법을 통해 자유를 보장받는다. 개인의 자유가 법으로 보장받지 못할 때 그 법은 나쁜 법이라는 논리도 가능해진다. 따라서 자유라는 것은 개인의 기본 권리의 실행이라기보다 정부로부터 분리된 개인의 독립성이다. 통치와 피치의 관계가 멀수록, 다시 말해 정부의 영향력이 개인으로부터 배제될수록 공리주의의 이상이 실현되는 것이다. 푸코는 이것을 유럽 자유주의의 기원이자 특징이라고 말한다. 역사적 과정을 거치며 두 자유주의는 서로 삼투하면서 복합적 양상으로 변화했다고 할 수 있다. 특히 자유주의를 '수입'하는 처지에 있던 한국의 경우 이런 양가적 특징들은 굳이 구분할 필요 없이 뒤섞여 있다는 생각이다.

흥미로운 사실은 한국의 경우 대체로 '진보'로 분류된 입장이 '통치 기술'의 합리화 또는 세련화를 요구하는 공리주의에 가깝다는 점이다. 386 세대가 대표적으로 이런 변화를 보여준다. 1980년대에 사회와 국가의 변화를 통해 개인의 권리를 보장받아야 한다는 혁명적 입장을 취하다가 '민주화' 이후에 제도의 합리화를 요구는 입장으로 바뀐 386 세대의 '전향'을 어떻게 이해해야 할까. 1980년대를 마르크스주의의 전성기로 생각하는 사람이 많지만, 현실은 이런 낭만적 회고와 다른 것이었다. 여전히 그 시대에도 주류는 자유주의였다고 말할 수 있다. 사회주의가 자유주의와 나란히 경쟁하는 대안적 가치로 대접받긴 했지만, 그렇다고 자유주의에 대해 압도적 우위를 점했다고 말하기 어렵다. 당시에 '민주화' 운동은 그 명칭에서 알 수 있듯 개인의 권리를 중심으로 정부를 재구성하자는 요구에 가까웠다. 1980년대는 혁명적 자유주의의 시대였다고 말하는 것이 더 실체에 가까운 규정일 것이다. 이런 자유주의의 문제는 복합적이고 양가적이다.

'민주화' 이후에 '진보'로 불려온 일정한 정치 세력은 마르크스주의보다도 자유주의에 더 깊이 경도됐다. 사회주의는 더는 대안일 수 없었다. 과거 마르크스주의의 세례를 받았던 이들은 희미하게 북유럽의 사회 민주주의를 언급하면서 '사민주의자'를 자처했지만, 이들 역시 정치적 전망에서 기존에 '진보'로 분류된 급진 자유주의와 크게 변별성을 보여주지 않았다. 발전을 우선시하든 자유를 우선시하든 자유주의의 급진성은 관습에 대한 저항에 있다는 사실일 것이다. '민주화' 이후에 '진보'의 개념은 다분히 이런 자유주의의 영향 아래 놓였다. 강준만을 비롯해 1990년대에 대거 등장한 자유주의 지식인들은 386 세대의 공동체주의를 자유주의로 대체하는 역할을 했다. 자유주의가 궁극적으로 지향하는 시장의 '진리'가 독재의 유산 또는 관습을 청산하기 위한 효용성의 척도로 제시됐다. 시장은 '진보'의 상징이었고, 합리적 정부는 이 시장의 원리를 잘 구현한 '통치 기술'을 갖고 있어야 했다. 선거가 정치인을 뽑는 것이 아니라 경제를 발전시킬 수 있는 행정가를 선출하는 것이라는 논리가 설득력을 얻기 시작했다. 민주주의에 대한 이해도 이런 자유주의의 렌즈를 통과한 결과였다고 할 수 있다. 이런 의미에서 '시민 감시'의 민주주의는 궁극적으로 시장의 '진리'를 전제하는 것이었다. 선출된 민주주의에 대한 불신도 결과적으로 시장과 정부의 괴리로 인해 발생한다는 것은 분명 의미심장한 문제다.

자유주의의 '통치 기술'과 자본주의 사이에 일정한 괴리가 존재하는 것이고, 이 때문에 자유주의는 그 내재적 모순, 다시 말해 정부의 '통치 기술'을 끊임없이 시장의 '진리'를 통해 검증받아야 하는 문제를 항상 품을 수밖에 없다. 따라서 자유주의는 자본주의의 재현이라기보다 예측 불가능한 자본주의의 역동성에 대한 대응이라고 보는 것이 옳다. 온갖 기술을 동원해 자본주의 경제를 '합리화'하려고 하지만, 결과적으로 자유주의의 '통치 기술'이 성공적이었다고 말하기는 어렵다.

푸코에 따르면 18세기 이래로 유럽에서 시작된 자유주의의 '통치 기술'은 20세기에 이르러 난관에 봉착한다. '최소 정부'를 주장하면서 시장의 '진리'를 이야기했던 자유주의는 퇴색하고, 미국의 뉴딜과 같은 복지 정책이 등장한다. 물론 복지 정책의 명분은 실업으로 인해 개인의 자유를 침해당하지 않아야 한다는 것이었다. 그러나 개인의 자유를 보장하기 위해 지급해야 하는 비용은 시장의 '진리'를 침해하지 않는 한 마련할 수 없다. 자유의 확대가 민주주의의 문제라고 했을 때 오히려 민주주의를 위해 정부가 개입할 수밖에 없는 상황이 벌어진 것이다. '최소 정부'에 기초한 자유주의의 '통치 기술'이 결코 모든 자유를 구현할 수 없다는 것이 자동으로 증명된 셈이다. 이런 까닭에 후일 마가렛 대처와 같은 신자유주의 정치인이 시장의 적으로 복지 국가를 지목한 것은 어쩌면 당연한 일인지도 모른다. 개인의 자유와 만인의 평등 또는 자유주의와 민주주의가 충돌한다는 것은 이미 존 로크 같은 초기 사상가의 주장에서도 발견할 수 있는 문제였다. 로크는 사유 재산을 옹호하면서 민주주의를 지지하지 않았지만, 그럼에도 시민이 동의해준 권력만이 주권을 행사할 수 있다고 못 박았다. '민주화'의 과정에서 자유주의가 자연스럽게 '진보'의 헤게모니를 쥘 수 있었던 것도 이렇게 끊임없이 정부에 대해 질문을 제기하는 자유주의의 급진성 때문일 것이다. 나는 이런 과정을 충분히 한국에서 발생한 '급진 자유주의 운동'이라고 지칭할 수 있다고 본다.

그러나 불행하게도 '급진 자유주의 운동'의 황금기는 10년을 지속하지 못했다. 세계적 국면에서 자유주의의 영향력이 퇴조하던 그때, 아니 정확하게 말하자면 17세기에 처음 발명된 뒤에 지속적으로 작동해왔던 자유주의의 '통치 기술'이 세계 대전을 전후해 위기에 봉착하고, 그에 맞춰 등장한 신자유주의라는 대응책마저 또 다른 이행기를 맞이할 무렵에 한국은 자유주의의 시대를 맞이했다. 독재와 권위주의에 맞서 일정하게 급진성을 확보했던 한국의 자유주의는 자기 한계를 극복하지 못하고 위기에 봉착했다. 그리고 그 위기의 중심에서 박근혜 정부가 등장한 것이다. 박근혜 정부야말로 '민주화'의 결과로 출현한 선출된 민주주의에 대한 반민주주의의 종착역이자 이명박 정부를 통해 극복하려다가 실패한 자유주의의 위기를 국가에 대한 요청으로 해결하고자 했던 '국민'의 선택이었다.

그러나 이 선택이 배반당했다는 것이 확연해졌기에 탄핵이 이뤄질 수 있었다. 루소가 말한 '일반 의지'가 행정부의 수장을 갈아치운 것이다. 그러나 이런 '변형'이 박근혜 정부를 만들어낸 '기원'에 대한 생각으로 나아가지 못한다면 박정희의 딸을 권좌에서 쫓아낼 수는 있겠지만, 우리의 '악'이 시작된 그 박정희 체제의 유령을 박멸하지는 못할 것이다.

팬덤, 광신, 그리고 민주주의

 1969년 일본의 미시마 유키오는 동경대를 점거한 전공투 학생들을 만난 자리에서 전후 일본 지식인들을 비판하면서 원칙이나 논리를 무시하고 오직 '당면 질서'만을 중요하게 여기는 태도의 문제를 지적했다. 후일 책으로 묶여 나온 이 대담은 한국에서 일본의 '극우 지식인' 정도로 알려진 미시마의 진면목을 보여주는 중요한 사료이기도 하다. 당시 일본에서 가장 급진적 태도를 취한 전공투 학생들을 만난 이 '극우 지식인'은 "자기와 타자가 관계 속으로 들어간다는 것은 이미 거기에 대립이 있고 싸움이 있다는 사실을 의미한다."고 말했다. 흥미롭게도 미시마는 "어쩔 수 없이 어디까지나 공산주의를 적으로 삼아 싸운다."는 자신의 반공주의야말로 "공산주의를 주체성 있는 타자라고 생각"하기 때문이라고 고백했다.
 미시마의 발언을 정신 나간 '극우 지식인'의 광기로 치부해 버릴 수도 있을 것이다. 그러나 이 대담을 읽어보면 그의 논리는 결과적으로 '정상 국가'에 대한 요청이었고, 그의 행동은 이 요청에 화답할 의지도 이유도 없었던 일본의 권력 엘리트를 향한 저항의 표현이었다는 사실을 어렵지 않게 알 수 있다. 할복자살이라는 극단적 선택으로 그를 밀어붙인 힘은 위선에 대한 분노였다. 전후의 일본을 '죽은 상태'로 규정한 이 탐미주의 작가에게 '정상 국가'의 기준은 '군사적 무력'의 유무였다. 이런 그의 주장은 군대라는 물리적 폭력의 보유야말로 국가의 의미라는 사실을 새삼 일깨운다. 그의 주장과 행동에 선뜻 동의하기 힘들다고 할지라도 그가 폭로한 전후 체제의 '비정상성'은 지금의 한국에서 벌어지는 상황에 대한 일단의 실마리를 제공한다고 나는 생각한다.

알베르토 토스카노가 언급한 '광신'의 문제를 여기에서 다시 환기할 수 있다. 토스카노가 바디우를 인용하면서 지적했듯 '광신'은 "재현된 실재를 의심하는 것"에 따른 결과다. 왜냐하면 재현은 언제나 이미 실재를 놓칠 수밖에 없기 때문이다. 재현은 실재의 닮은 꼴이지 결코 실재 자체는 아니다. 이 절대적 소외의 상태를 극복할 수 없다는 절망감이 미시마의 '광신'을 낳았다. 그는 현실의 천황제를 옹호했다기보다 "모든 후궁과 프리섹스를 하는 고대의 천황"으로 돌아가야 한다고 말했다. 이 "고대의 천황"은 모든 향락을 독점한 최초의 아버지를 다르게 지칭한 것뿐이다.

그러나 근대의 자유 민주주의라는 '문명'은 이 절대적 아버지의 존재를 허락하지 않는다. 자유 민주주의의 목표는 합리적 통치 이론을 수립하는 것이지 실재에 대한 충동을 용인하는 것이 아니다. 아버지를 죽여 '병든 쾌락'을 제거하고 그 무덤 위에서 아들들이 공평하게 쾌락을 나눠 가져야 한다는 것이 이른바 '문명'의 원리다. 이 과정에서 과잉은 제거돼야 하고, 윤리적 규범에 따라 쾌락은 절도 있고 질서 있게 분배돼야 한다. 자유주의적 공리주의의 목적이 궁극적으로 쾌락주의로 귀결될 수밖에 없다는 비판은 이런 맥락에서 설득력을 얻는다. 쾌락주의는 정치의 이념을 부담스럽게 만든다. 제 아무리 자유주의가 자신을 '정치철학'이나 '정치학'이라고 부르더라도 그 기저에 놓인 것은 쾌락주의의 아포리아다.

경제학을 떠난 자유주의를 상상할 수 없는 이유가 여기에 있다. 이런 논리라면 정치체의 목적은 공평하게 모두 경제적으로 잘 먹고 잘 살아야 한다는 먹고사니즘의 발양에 지나지 않게 된다. 먹고사니즘을 위배하면서 토론과 논쟁을 유발하는 행동이나 발언은 곧잘 과잉으로 치부당하기 일쑤다. 이른바 '문빠'라고 쉽게 불리는 행동들을 이렇게 이해할 수 있지 않을까. 대체로 '○빠'라는 지칭은 대중문화에서 자주 등장하는 팬덤을 조롱하기 위한 용어였다. 주목해야 할 점은 대중문화의 현상을 가리키던 말이 정치 영역으로 유입됐다는 것이고, 더불어 팬덤은 '비정상적 정치 행태'로 간주된다는 사실이다. 이 지점에서 우리는 무엇이 '비정상적 정치'이고, 무엇이 '정상적 정치'인지 구분해야 하는 과제를 안게 된다.

말하자면 어디까지 팬덤이고, 어디까지 아닌지 기준을 결정해야 하는 문제가 발생하는 것이다. 그러나 숱한 논란에서 확인할 수 있듯 둘을 구분하는 것은 쉬운 일이 아니다. 그 이유는 간단하다. '○빠'라는 말 자체가 자의적으로 쓰이기 때문이다. 어떤 정치적 행위를 팬덤이라고 지칭했을 때 그 전제는 이미 자기와 입장이 다른 특정 정치 세력을 '○빠'로 규정한다는 의미다. 그래서 누구는 "순수한 정치 참여"라고 한다. 또 누구는 "불순한 정치 테러"라고 반복적으로 말하게 되는 것이다. 마치 트럼프 지지자들을 '포퓰리즘'이라고 지칭했을 때 그 주장은 이미 그 지지자들을 '무지한 대중'으로 상정하게 되는 것과 같다.

그러나 이런 '무지한 대중'은 말 그대로 특정할 수 없고, 그래서 존재한다고 말하기 어렵다. '포퓰리즘'이든 '○빠'든 실제로 존재하지 않는 것을 재현하기 위해 불러낸 명칭일 뿐인 것이다. 그렇다면 정말 이들이 존재하지 않는다면 실제로 일어나는 행위들은 무엇을 의미하는가. '트럼프 당선'이든 '문자 폭탄'이든 엄연히 눈앞에서 발생한 일이지 않은가. 이 사실을 부정하는 것이 아니라 발생한 일에 대한 평가 또는 판단을 문제 삼자는 것이다. 특정한 정치적 행위 또는 행동이 일어나면 자연스럽게 이에 대한 평가와 판단이 따른다. 이 평가와 판단은 서로 중립적인 척하지만, 사실 편견을 내재한다. 한국에서 이 편견은 어떤 정치적 입장을 취하든 '대중은 무지하다.'는 의미를 담고 있다. 이런 편견은 '대중'을 통제하기 어려운 광신 집단으로 규정하는 논리로 이어진다.

이 일련의 과정이 보여주는 것은 정치적 입장이나 지지하는 정치 후보에 상관없이 발생한다. 누가 무슨 이야기를 하는지가 중요한 것이 아니라 어떤 입장이고 누구를 지지하는지가 중요해진다. 이런 입장과 지지에 반하는 모든 사람은 '무지한 대중'으로 분칠된다. 따라서 이 문제는 정치 일반의 원리이지 특정 지지 집단만의 특성이라고 단언하기 어렵다. 민주주의의 아포리아는 광신의 출현을 방기할 수밖에 없다. 독재는 이런 민주주의의 결락을 해소하기 위해 등장하는 것이다. 팬덤은 그러니까 제대로 작동할수록 더욱 선명해지는 민주주의의 아포리아를 덮고자 하는 정념의 스크린인 셈이다.

민주주의의 아포리아 덕분에 '독재자의 딸'도 민주적 방식으로 대통령 자리에 오를 수 있었다. 그 반대도 마찬가지다. 이 아포리아 때문에 헌법을 준수하지 않은 대통령은 탄핵을 당했다. 어떤 이들은 이렇게 말할 것이다. "뽑아줄 때는 언제고 마음에 들지 않는다고 끌어내리는 것이 민주주의인가?" 그러나 이것이 바로 민주주의의 역설이다. 홉스가 말한 '리바이어던'은 바다의 괴물이다. 플라톤의 말처럼 바다는 육지의 위계를 모른다. 이런 의미에서 바다의 괴물이야말로 민주주의의 표상인 것이다. 홉스가 말한 강력한 참주는 리바이어던 자체가 아니라 그 괴물을 탄생하게 만드는 구심점이다. 이 참주에게 중요한 것은 그를 강력한 권력으로 만들어줄 인민의 지지다.

인민의 지지가 강할수록 참주의 권력은 강해진다. 강해질수록 권력은 인민의 단결을 흐트러트리는 '데마고그'의 선동을 막기 위해 표현의 자유를 억압하고자 한다. 홉스에게 이런 권력의 기동은 민주주의를 지키려는 지당한 시도였다. 그러나 오직 참주의 '인격'만을 신뢰해야 하는 이런 민주주의는 "민주주의를 위해 민주주의를 제한해야 한다."는 역설에 휘말릴 수밖에 없다. 민주주의는 무한하게 확장될 수 없다. 참주를 거부하고 모두가 주권을 나눠 가진 통치자가 된다고 해도 누군가는 그 통치의 대상이 돼야 한다. 그래서 결국 합의하게 되는 것이 견제와 균형을 통한 현상 유지다. "대안은 없다."는 자유주의의 유일사상은 이렇게 설득력을 획득한다.

자유 민주주의가 지향하는 완벽한 견제와 균형의 원리는 '상호 감시'라는 '피어 리뷰'의 방식을 채택한 것이다. 임마누엘 칸트의 말처럼 인간은 동물이기에 주인을 필요로 하지만, 그 주인도 동물에 지나지 않는다. 이 한계를 극복할 수 있는 방법은 인간이라는 동물들끼리 서로 감시하는 것이다. 이 감시의 기술이야말로 근대 민주주의의 원리인 셈이다. 자유주의는 이 감시를 전문가의 몫으로 설정한다. 선거는 권력을 선출하는 장치이면서 동시에 정통성을 부여하는 역할을 한다. '독재자의 딸'이든 '인권 변호사'든 선거라는 절차를 통과해야 정당한 권력을 얻을 수 있다. 그러나 이 권력은 결코 안정적이지 않다. 앞서 지적했듯 '상호 감시'라는 '현상 유지'의 장치가 민주주의에 내장됐기 때문이다.

이런 장치들은 결코 현실의 문제를 해결하도록 고안된 것이 아니다. 반대로 이 장치들은 현실의 문제를 가리기 위해 작동한다. 이른바 '○빠'들의 팬덤은 이런 문제를 해결하려는 것이라기보다 이 장치들의 작동에 자신들의 열정을 투여하려는 시도에 가깝다. 자유 민주주의적 의미에서 '합리성의 정치'를 옹호하는 입장에서 본다면 이런 '○빠' 현상은 과잉의 광신이기에 사라져야 하는 것이다. 그러나 정치라는 것이 이런 광신을 배제하고 과연 작동 가능한 기계일까. 로크는 정부라는 분할 장치를 통해 종교적 광신을 제거하고 정치를 안정화하고자 했지만, 언제나 대중의 정치는 루소의 '일반 의지'를 더 선호하는 것처럼 보였다. 이렇게 대의제에 저항하는 대중의 정치를 '포퓰리즘'이나 '반지성주의'라고 규정하고 제어하고자 하는 입장은 정치를 안정화의 문제로 바라보는 태도를 드러낸다. 이런 정치는 정치라기보다 경찰의 역할에 가깝다.

설령 로크의 정부라고 하더라도 팬덤은 감춰질 뿐이지 사라지지 않는다. 자원 봉사나 기부 행사 따위로 분산된 열정은 어쨌든 특정 후보의 인격에 대한 지지로 나타난다. 지난 미국 대선이 정확히 이 사실을 보여줬다. 미국 유권자들은 '나쁜 후보'에 투표한 것이 아니라 '솔직한 후보'에게 투표했다. 물론 그 결과가 이제 와서 만족스럽지 않다고 하더라도 그 당시 미국 유권자들은 '정치적 올바름'을 주장하는 진보적 자유주의의 규범을 위선적인 것이라고 받아들였다. 오히려 막말로 점철된 트럼프의 발언들이 정직하게 비쳤던 것이다. 비록 투표라는 '간접성'으로 매개돼야 하지만, 여하튼 대의 민주주의라고 할지라도 다수의 집결을 목표로 한다.

이 집결에서 문제가 되는 것은 참주를 향한 열정이다. 이 열정이 팬덤을 지탱하는 것이다. 그러나 이 열정은 개인의 독립성을 훼손할뿐더러 나아가 국가의 존립 근거를 약화하게 한다. 후보의 인격에 투표를 했지만, 언제나 이 인격의 재현은 실재에 어긋난다. 더 실재에 가까운 재현을 요구하는 것이 선거라는 장치의 메커니즘이다. 아이러니하게도 이 메커니즘의 한계가 바로 바뤼흐 스피노자가 말하는 '좋은 국가'의 표상과 충돌한다. "일관된 신민들의 복종"을 이끌어내는 것은 국가의 덕과 권리 덕분이다. 여기에서 덕이라고 함은 정념에 근거한 것이 아니라 이성에 근거한 능숙함이라고 할 수 있다. 시민권은 자연적으로 주어진다기보다 국가를 통해 보장받는 것이다. 이때 시민권은 '계약 관계'를 통해 성립되는 것이 아니라 국가를 통해 개인의 독립성이 보장되면서 부여된다고 볼 수 있다.

촛불이 요구한 것은 이 시민권의 보장이었다. 이런 시민권을 보장해주는 국가야말로 한국적 진보주의라는 맥락에서 '정상 국가'라고 할 수 있다. 광장에서 촛불을 드는 행위를 통해 '시민들'이 탄생했지만, 이들의 시민권을 보장해줄 국가는 아직 도래하지 않았다는 인식이 있다. 그러나 한국의 자유 민주주의 선거 제도는 이 '시민들'을 유권자로 환원하고, 득표수로 재현했다. 41%의 득표율은 실질적으로 나머지 59%의 반대자를 전제한다. 그러나 이런 단순 계산법은 정권 초창기 문재인 대통령의 국정 운영에 찬성하는 80% 이상의 지지율을 설명하지 못한다. 다시 말해 수의 재현은 한시적이다. 촛불로 재현된 '시민들'이 수로 완벽하게 환원될 수 없는 셈이다. 이

'시민들'의 권리 주장을 선거는 완벽하게 담아내지 못한다. 그래서 권력이 주어졌으되 그 운영은 무소불위일 수 없다.

'○빠' 현상은 이런 균열에 뿌리를 둔다. '정상 국가'를 통해 시민권을 보장받기 원하는 공화주의의 '시민들'과 국가와 개인은 공평하고 합리적인 '계약 관계'를 맺어야 한다는 공리주의의 '인민들'이 대칭을 이루는 것이다. '시민들'과 '인민들'을 연결해줄 수 있는 현실적 개념이 바로 인구다. 자유주의의 핵심에 놓인 것이 바로 인구에 대한 '상상'이다. 이것이 '상상'인 이유는 인구야말로 '총체화'할 수 없지만, 일정하게 존재하는 집단의 문제이기 때문이다. 인민이 정치적 개념이라면, 인구는 경제적 개념이다. 이런 의미에서 정치경제학 자체이기도한 자유주의는 인민이라는 개념을 끊임없이 인구라는 개념으로 대체해왔고, 그 정점에 놓인 것이 오스트리아 경제학파의 인간 행동 이론과 그에서 파생 발전한 인간 자본 이론이라고할 수 있겠다.

인구라는 경제적 개념은 인민이라는 정치적 개념을 전치 또는 억압한다. 인구에 대한 강조는 결과적으로 개인의 욕망을 쾌락 원칙에 따라 관리 조절하는 대상으로 보게 함으로써 인민의 정치를 부정하거나 배제하는 결과를 초래한다. 흥미롭게도 이 부정과 배제의 방식은 그 무엇도 아닌 과학을 통해 이뤄진다. 이런 방식은 과학의 원리에서 출현한 근대적 법률의 성격과 연동한다. 정치경제학이라는 것은 이처럼 인구에 대한 과학이었던 것이고, 자유주의는 정치경제학의 정립을 통해 무질서로 가득한 세계를 합리적으로 구획하고 계량 가능한 세계로 만들어내고자 했다.

인구는 인민의 정치라는 '심연'을 지워버리고, 말끔한 수의 풍경을 펼쳐 보이게 만드는 마법의 기표다. 진화생물학에서 인구라는 개념은 유기체와 그것을 재생산하는 다양성을 지칭했다. 그레고르 멘델의 유전학에서 인구는 성적 결합을 통해 재생산되는 개체의 집합을 의미했다. 이런 맥락에서 종이라는 개념과 인구라는 개념은 밀접한 관련성을 띠었다고 할 수 있다. 멘델의 인구 범주에서도 인류는 가장 큰 인구 규모에 해당한다. 지역적 범위, 언어, 민족, 종교, 그리고 경제적 특징에서 인류에 필적할 만한 다른 종은 없다는 논리였다.

인류는 다른 종과 교배할 수 없다는 점에서도 독보적 인구 범주였다. 진화생물학의 인구 개념이 손쉽게 인류학의 의미로 전환될 수 있었던 것은 이런 까닭이었다고 할 수 있다. 물론 인류학만 인구라는 개념을 사용하는 것은 아니다. 생태학, 인구통계학 또는 경제학에서도 인구라는 개념은 각기 다른 뉘앙스로 쓰인다. 이 사실에서 알 수 있듯 대체로 우리는 인구통계학을 인구에 대한 학문이라고 생각하지만, 사실 인구라는 개념은 훨씬 넓은 분야에서 자의적으로 쓰인다. 오히려 인구통계학에서는 훨씬 협소하게 인구라는 개념을 사용한다. 전통적 의미에서 이미 설정된 한계로서 정치나 관리의 대상으로 인구를 바라보는 관점을 보여준다.

인구통계학과 달리 유전학에서 거론하는 인구는 성적 재생산을 전제하는 개인의 집합이다. 이런 개념으로서 인구는 정확하게 재생산되거나 또는 재생산 능력이 있는 개체에 한정된다. 말하자면 재생산 능력이 없는 동성애나 불임은 해당하지 않는다. 따라서 성적 재생산 가능성이라는 관점에서 정의한다면 인구는 잠재적으로 무한한 확장이 가능하다. 맬서스의 『인구 원리에 대한 에세이An Essay on the Principle of Population』는 이런 인구의 무한성이라는 속성에 대한 고찰이다. 『인구론』으로 간단하게 번역된 이 저작의 부제는 "인류 행복에 인구가 미친 과거와 현재의 영향에 대한 견해 : 향후 발생할 수 있는 악을 제거하거나 완화하기 위한 우리 전망에 대한 연구와 함께"다.

맬서스의 부제는 의미심장하다. 이 부제가 전제하는 '악'은 그 무엇도 아닌 인구 증가로 인해 초래될 수 있는 최악의 상황이다. 맬서스가 염두에 둔 것은 프랑스 혁명 이후의 대혼란이었다. 특히 나폴레옹 전쟁 이후에 초래된 경제 공황을 해결하기 위한 맬서스의 고민에서 인구 증가의 문제는 중요한 위치를 차지한다. 윌리엄 고드윈의 급진주의를 배격하기 위해 맬서스는 인구의 원리를 제시하고자 했다. 맬서스에게 인구는 혁명을 통해 해결할 수 없는 문제였다. 이런 관점에서 맬서스는 정치를 통한 사회 개조에 부정적 태도를 견지했다. 정치 제도를 개선하고 실증적 사법 체계를 통해 개인에게 더 나은 삶을 보장할 수 있다는 '진보주의'에 반대하면서 맬서스는 빈곤과 악은 자연의 법칙이기 때문에 제도 개선이나 사법 장치를 통해 해결할 수 없다고 봤다.

맬서스에게 인구의 무한성은 '진보주의'를 부정하는 중요한 근거이기도 하다. 이 무한성은 유전학이라는 자연과학의 영역을 통해 '검증'받은 것이라는 점에서 과학의 관점에서 사회제도를 개혁하고자 했던 계몽주의의 기획을 물구나무 세운 것이다. 맬서스의 인구 개념은 불규칙한 과잉 욕망을 통제하려는 공리주의적 발상과 쉽사리 연동한다. 인구의 원리는 규제와 지도의 대상이지 축소와 개조의 대상이 아니라고 맬서스는 말했다. 규제와 지도는 개인에게 고유한 도덕적 자제력을 실천하게 만드는 것이지 강제적 집행을 통한 인구 축소나 개조를 의미하지 않는다. 이 지점에서 맬서스는 보수주의적 관점에서 고드윈의 아나키즘을 배제하고자 했던 것이다.

맬서스의 논의에 따르면 인민에서 인구로 전개되는 탈정치화 과정에서 결정적 역할을 하는 것은 경제주의 패러다임이다. 다수결의 민주주의는 이 패러다임을 폐지하기는커녕 필사적으로 존속한다. 팬덤은 정치의 무능을 드러내는 증상이다. 지지의 결집 자체가 잘못된 것이 아니다. 문제는 무엇을 위한 결집인지 그 정치적 대의가 부재한 현실이다. "닥치고 정치!"라고 외치지만, 바로 그렇게 정치 자체는 금지당하는 것이다.

금지당한 정치

슬로베니아 철학자 알렌카 주판치치는 자신의 짧은 에세이에서 이탈로 스베보의 소설 『제노의 양심Zeno's Conscience』에 등장하는 애연가의 이야기를 소개한다. 애연가는 언제든 담배를 끊을 수 있다는 말을 입에 달고 계속 담배를 피운다. 애연가의 '양심'에 비춰본다면 "담배를 끊는다."는 그의 진술은 담배를 끊지 못하고 계속 피우는 행동에 반하는 것이다. 그럼에도 이 애연가는 왜 '양심'의 가책을 느끼지 않고 모순적 진술과 행동을 지속하는 것일까. 달리 묻자면 이 애연가는 왜 서로 충돌하는 것이 빤한 자신의 진술과 행동을 멈추지 못하는 것일까. 주판치치에게 이렇게 서로 반대되는 진술과 행동은 애연가의 기만성을 보여준다기보다 오히려 "이번 담배야말로 마지막 담배"라는 애연가 자신의 결심에 대한 진정한 믿음을 드러내는 것에 가깝다. 말하자면 이 애연가는 담배를 피울 때마다 '마지막 담배'를 피우는 것이기 때문에 '양심'에 거스르는 행동을 한다고 생각하지 않는 것이다.

새 정부 들어서자 국회 인사 청문회가 열렸다. '적폐 청산'을 외친 새 정부였지만, 자신들이 내세운 '인사 5대 원칙'에 들어

맞지 않는 후보자들을 줄줄이 인선 물망에 올렸다. 이런 후보자들을 '검증'하겠다고 나선 야당 의원들이 '인사 5대 원칙'을 거론하면서 공세를 펼쳤지만, 과거 행태들을 반추해보면 이들 야당 의원들 역시 자격을 갖췄다고 보기 어려웠다. 그럼에도 청문회는 '국민의 알 권리'라는 명분으로 후보자들의 '비리'를 낱낱이 폭로했다. 청문회가 진행되는 동안 가장 유행한 말은 '내로남불'이었다. 내가 하면 로맨스고, 남이 하면 불륜이라는 이런 주장은 이해관계에 따라 조변석개하는 태도를 비웃는 조롱이기도 했다. 그러나 정작 '내로남불'을 읊조리는 이들조차도 한때 자신들의 집권 시기에 비슷한 태도를 보여줬다는 점에서 진술과 행동은 일치하지 않았다. 이 과정에서 올바른 전문 엘리트를 선별해 통치를 맡긴다는 '대의 민주주의' 또는 '숙의 민주주의'의 교의는 종적을 감췄다.

청문회에서 드러난 민주주의의 문제는 앞서 소개한 애연가의 담배 같은 것인지도 모른다. 청문회의 국회 의원들이나 정부 지지자들이 '내로남불'에 무감각할 수 있었던 까닭은 다른 무엇이 아니라 민주주의라는 교의를 마음만 먹으면 언제든 곧바로 실행할 수 있다고 생각하기 때문일 것이다. 지금은 민주주의의 원칙을 조금 위배하더라도 때가 되면 그 원칙을 금방이라도 복원할 수 있을 것이라고 진심으로 믿기에 이런 외면이 가능하다. '양심'에 대한 양심적 외면이라는 역설은 이렇게 발생한다. 지금은 권력을 위해 민주주의 원칙을 보류해야만 하고, 그래서 후일 민주주의를 '제대로' 실행할 수 있어야

75
RED INK

한다고 진심으로 믿기에 당장 목표를 위해 저지르는 사소한 위반이 가능한 것이다. 청문회라는 장치는 이런 믿음을 강화해준다. 청문회는 '국민의 알 권리'를 위해 사실 관계를 따지는 자리다. 말 그대로 '사실을 듣는 모임'이다. 그러나 이 장치는 사실을 수집해 들려주는 것이 목적이지 진위 여부를 판단해주지 않는다. 사실은 경험적인 것이고, 이런 의미에서 경중을 논할 수 없다. '국민의 알 권리' 아래에서 모든 사실은 평등하다.

이 형식적 평등주의는 후보자들의 '비리 사실들'을 계량화해 제시한다. 질적 차이는 존재하지 않는다. '위장 전입'은 모두가 범하는 '미필적 고의'로 왜곡된다. 음주 운전 역시 누구나 한 번쯤 저지를 수 있는 실수라고 강변한다. '미필적 고의'에 동참하지 않는 이들은 법망을 피해 자신의 이익을 실현할 만한 능력을 겸비하지 못한 순진한 자들이고 국가를 통치할 자격을 갖추지 못한 무지한 자들로 분칠돼버린다. '사실들'은 결코 자기들끼리 경쟁하지 않는다. 이렇게 평등하게 펼쳐진 '사실들'을 평가할 몫은 '평범한 시민들'에게 맡겨진다. '시민들'은 누구인가. 지금까지 등장한 논리에 따르면 '전문 시위꾼'과 달리 '순수한 마음'으로 촛불을 들고 광화문에 모인 '시민들'이다. 이들이 원한 것은 바로 '정권 교체'였다. 청문회가 보여주는 광경은 진보와 보수의 대립이라기보다 이 이념적 차별성을 없애버리는 권력의 작동 방식이다.

정치가 서로 교환될 수 없는 가치들의 충돌이라고 한다면 청문회는 효과적으로 이 충돌을 제어하는 장치처럼 보인다. 청문회라는 장치는 '국민의 알 권리'라는 정언 명령을 통해 직접 동력을 얻는 것처럼 보이지만, 사실 정반대다. 이 지점에서 호명되는 '국민'은 실체를 갖지 않기 때문이다. '국민'은 필요와 편의에 따라 무대에 등장할 뿐이다. 청문회가 전제하는 '국민'은 '사실들'을 자신들의 이해관계에 맞게 평가해주는 이들이다. 이 '국민'은 따라서 자신의 판단력을 갖지 못한 '백지'로 간주된다. 누구든 마음대로 자신의 생각을 쓸 수 있는 '백지'로서 '국민'은 사실 '백치'라고 할 수 있다. 그렇지 않은 '국민'은 포퓰리즘에 휘말린 '무지한 인민'이거나 합리적으로 대화할 능력을 상실한 '야만적 짐승'으로 그려진다.

홉스가 데마고그의 선동에 쉽게 휘말리는 '무지한 인민'을 보호하기 위해 언론과 표현의 자유를 제한해야 한다고 말했을 때 그가 염두에 둔 '참주'는 인민의 지지를 등에 업은 '착한 권력'이기도 하다. 청문회는 이런 홉스적 기계로서 민주주의의 한 가운데에 위치한 것처럼 보인다. 기계로서 민주주의는 선악의 판단력을 갖지 않는다. 이 기계는 효율성을 목적으로 삼기 때문이다. 목표가 아니라 목적이라는 점에서 효율성은 민주주의의 존재 이유처럼 비치기도 한다. 이런 관점에서 본다면 결과적으로 얼마나 경험적으로, 달리 말하자면 얼마나 계량적으로 권력의 작동을 유도할 것인지 이 문제가 중요하게 받아들여질 수밖에 없는 것이다. 그러나 이런 프레임에 따른 관점은 항상 '인민'을 대상화할 뿐이지 정치의 주체로 인정하지 않는다. 민주주의는 궁극적으로 인민의 통치라는 불가능한 기획을 달성하는 것을 의미한다. 이 기획이 불가능한 이유는 모두 통치자라면 누가 피치자인가라는 민주주의 내부의 논리 모순 때문이다. 이런 불가능한 기획을 현실화하기 위해 자유주의는 대의 민주주의라는 통치성의 이론을 제출했다. 그래서 자유주의적 대의 민주주의는 능력을 갖춘 엘리트의 통치를 인정하는 것이다.

이런 '간접' 민주주의는 '직접' 민주주의에 대한 배제를 전제한다. 능력을 갖추지 못한, 다른 말로 하자면 통치할 자격을 얻지 못한 이들은 통치할 수 없도록 만들어야 한다는 명분이 거부할 수 없는 원칙으로 들어서게 된다. 이 원칙을 거부했을 경우 '체제 전복 세력'으로 불리기 십상이다. 청문회는 바로 이런 통치의 능력 또는 자격을 점검한다는 대의를 갖지만, 그렇다고 강제력을 가진 것은 아니다. 청문회에서 중요시되는 것은 '여론'이지 제시된 사실의 진위 문제가 아니다. 그렇기에 선출된 권력인 대통령은 청문회 보고서의 채택 여부와 상관없이 지명한 후보를 임명할 수 있다. '협치'를 내세웠지만, 청문회는 '협치'의 행위라고 보기 어렵다.

흥미롭게도 2017년 청문회에 등장한 새로운 현상은 정부 지지자들의 '행동'이었다. 휴대폰 문자를 통해 지명된 후보를 검증하는 야권 국회 의원들에 대한 '사이버 불링'이 공공연하게 행해졌다는 점에서 2017년에 이뤄진 인사 청문회의 광경은 분명 과거와 달랐다. 물론 과거에도 인사 검증에서 문제가 있는 국회 의원들을 낙선하자는 시민 운동이 없지 않았지만, 익명의 무작위성으로 이뤄진 적은 없었다. 이런 상황을 어떻게 봐야 할까. 한마디로 '무엇을 위해'라는 대의가 사라진 아노미 상태에 지나지 않는 것처럼 보인다. 바디우가 말했듯 일반적 의미에서 민주주의는 하나의 국가 형식일 따름이다. 이런 맥락에서 민주주의는 정치적인 것의 정점으로 지시될 때 그 반대편에 있는 것으로 여겨지는 전체주의와 쌍을 이루게 됨으로써 의미를 획득한다. 이처럼 민주주의는 전체주의와 대립적 관계에서 정립되는 것이다. 그러나 전체주의는 민주주의의 반대라기보다 그것의 위기를 드러내는 증상에 가깝다. 전체주의는 민주주의라는 상대가 없으면 의미를 갖지 못한다.

민주주의가 하나의 국가 형식으로 붙잡혀 있을 때 전체주의는 항상 불려 나와 유령처럼 그 주변을 배회하게 된다. 민주주의가 공동체의 연결에 고착된다면 정치는 폐색의 운명을 맞이할 수밖에 없다. 정치는 언제나 비재현적이고 그래서 제도로서 얼어붙은 민주주의를 항상 빠져나간다. 민주주의라고 불리는 어떤 형식은 그러므로 정치적 실천을 통해 남겨진 화석 같은 것이다. 전체주의는 이 화석으로 정치를 완전하게 현시하게 만들려는 시도라고 할 수 있다. 루소가 말한 '일반 의지'를 낱낱이 국가로 재현하고자 했을 때 전체주의가 도래하는 것이다. 이념으로서 작동하는 민주주의와 국가 형식으로 실현되는 민주주의를 착각해 후자를 민주주의의 목적으로 삼는다면 그 결과는 나치즘 아니면 스탈린주의일 것이다.

그러나 이렇게 국가 형식을 통해 완전한 민주주의를 달성하겠다는 야망은 실현 불가능하다. 정치는 미리 던져진 가설이고, 합법적으로 실행되는 것이 아니라 언제나 결과로서 출현할 뿐이다. 게다가 이 결과는 정치적 사건의 성격상 검증할 수 없다. 검증할 수 없는 증거를 통해 우리는 정치의 결과를 규정할 수밖에 없다. 러시아 혁명이든 광주 민중 항쟁이든 남겨진 결과는 단절에 가깝지 연속이 아니다. 동일한 방법으로 같은 사건을 되풀이할 수 없는 것이다. 따라서 정치는 불안이자 결정 불가능성이다. 이 불안과 결정 불가능한 상황의 유동성에서 도약의 용기를 발휘하는 것이 바로 정치적 결단이다.

정치적 주체는 결단을 전제한다는 점에서 자유 의지를 가진 존재인 것처럼 보이지만, 실제로 정반대다. 앞서 이야기한 애연가처럼 정치적 주체는 자유 의지보다도 '타자의 욕망'에 자신을 기탁하는 히스테리적 주체다. 정치는 자유 의지로 통제할 수 없는 미지의 영역이다. 그렇기에 정치적 주체는 끊임없이 '타자'에게 무엇을 원하는지 질문할 수밖에 없다. 애연가가 담배를 끊지 못하는 이유는 언제나 '마지막 담배'만을 자신이 결정할 수 있기 때문이다. 마음만 먹으면 언제든 담배를 끊을 수 있다는 가설은 스스로 실현할 수 없다. 심한 흡연으로 건강을 망쳐 죽음의 공포라는 절대적 부정성이 닥치지 않는 한 애연가는 담배를 끊지 못한다. 데리다의 말처럼 잉크가 다 떨어져야 비로소 의사소통이 멈추는 것이다.

정치가 힘을 잃을 때 그 개념들은 군사적 용어로 전락한다. 북한을 비롯한 '역사적 공산주의 국가'의 선군 정치가 이 사실을 잘 보여준다. 정치적 힘을 '동원'하는 문제는 민주주의에 대립하는 것이다. 폭력의 문제는 필수 불가결하거나 필요악이라기보다 바디우의 말처럼 "폭력의 형상으로 구상된 정치"에 불과하다. 이 정치를 폐기하는 것이 바로 마르크스를 비롯한 좌파들이 주장한 혁명의 의미였다. 오해와 달리 좌파 혁명은 폭력 혁명이라기보다 그 폭력을 종식하기 위한 '정치적 중의성'의 강조에 가까웠다. 폭력 혁명만이 피지배자를 해방하게 하는 것이 아니라 다른 정치를 꿈꾸는 사유의 실천만이 해방을 가져올 수 있다는 것이 요지다.

바디우가 밝혔듯 국가는 민주주의의 무한을 제한하기 위한 정치 함수의 결과물이다. 민주주의를 요구하는 부분 집합을 모두 합친 메타 재현, 다시 말해 멱집합으로 실현된 국가는 이런 의미에서 모두가 민주주의를 외치는 실제적 상황보다 크다. 이 균열로 인해 국가는 언제나 재구성의 가능성을 내재하는 것이다. 이 국가는 자유나 평등만으로 이뤄지지 않는다. 자유와 평등은 거멀못처럼 꿰어져 근대 국가를 지탱한다. 자유의 문제를 국가로부터 개인이 얼마나 떨어져 있는지 그 '간격'으로 가늠해볼 수 있다면 평등은 이렇게 만들어진 간격 내에서 개인이라는 작은 하나가 공평하게 존재할 수 있는 조건이다. 국가라는 거대한 하나가 아니라 수많은 하나로 쪼개진 간격을 역동적으로 재구성해나가는 것이 정치의 본질이다.

따라서 청문회가 전제하는 무한한 표현의 자유는 만인의 평등이라는 또 다른 근대적 전제와 충돌하면서 궁극적으로 방종을 초래할 수밖에 없다. 이 방종을 규제하기 위해 국가적 장치가 도입되는 것이다. 이 장치의 목적은 방종에 이를 수 있는 자유를 다시 한 번 국가라는 정치 함수로 고정하는 것이다. 이렇게 두 번째 규제된 함수를 첫 번째 규제된 함수에서 감산하는 것이 바로 민주주의의 공식이라고 할 수 있다. 민주주의라는 것은 이처럼 개인의 방종을 규제하는 정치 함수를 뺀 작은 일[1]자들이다. 민주주의라는 대의를 위해 거대한 하나로 재현되는 것이 아니라 국가와 거리 두기를 통해 만들어진 간격에 무수한 일자들로 존재하게 되는 상황의 상태다. 이 일자들은 무한하게 자유로운 것이 아니라 규제 내에서 자유로운 것이다. 청문회라는 명분으로 벌어지는 일련의 사태들은 '자유 민주주의'라는 이름으로 무한하게 허락될 수 없는 개인의 자유를 증명하는 사례이기도 하다.

　이 문제를 다시 풀어보면 마치 담배를 끊지 못하는 애연가처럼 근대적 개인들은 어떤 규제로부터 벗어난 존재라기보다 규제를 내면화한 존재라고 볼 수 있다. 애연가가 지금 피우는 담배야말로 '마지막 담배'라고 믿을 수 있는 이유는 자신의 욕망이 자유 의지에 따른 것이라기보다 타자의 욕망에 준거한다는 사실을 알기 때문이다. 자신의 흡연은 '마지막 담배'라는 결심을 정당화하는 한 타자로부터 허락받는다. 청문회 역시 마찬가지다. 눈앞에서 벌어지는 무책임한 행위가 '국민의 알 권리'라는 타자의 욕망에 부합하는 한 면죄부를 받는 것이다. 이때 '국민'은 개인의 자유 의지를 규제하는 아버지의 이름이다. 국회 의원이 '국민의 알 권리'를 위해 검증 대상자의 사생활을 폭로하는 것은 이런 논리를 통해 정당성을 획득한다.

이런 청문회의 외설성은 그 '국민'으로부터 국회 의원들에게 가해지는 '문자 폭탄'을 통해 적나라하게 재확인된다. '문자 폭탄'은 온라인상에서 특정 개인에게 집단적으로 행해지는 사이버 불링의 일종이다. 10대들에게 만연한 문화가 이제 정치 문화로 진입한 것이라고 볼 수 있다. 공론과 숙의를 전제하는 자유 민주주의의 관점에서 봐도 결코 바람직하다고 말할 수는 없다. 따라서 '문자 폭탄'이 아니라 '문자 행동'이라는 주장이 잘 보여주듯 '문자 폭탄'을 보내는 당사자들 역시 자신들의 행동이 떳떳하지 않다는 사실을 인지하는 셈이다. 그래서 '문자 폭탄'이라는 부정적 표현 대신에 '문자 행동'이라는 긍정적 표현을 사용하자고 주장하는 것이라고 하겠다. 그렇게 계속 핑계를 발명해 '문자 폭탄'을 보내고 싶어 하는 것이라고 볼 수 있다.

그러나 이런 사태는 '문자 폭탄' 역시 '국민의 알 권리'를 전제로 '사실들'만을 나열하는 청문회와 다를 것이 없다는 진실을 드러낸다. 이들에게 '문자 폭탄'은 자신의 자유 의지가 아니라 '예외 상태' 때문이라는 명분으로 정당하다. 다소 잘못된 행동이라고 할지라도 이 모든 것은 개인을 위한 것이 아니라 '국민'을 위한 것이라는 점에서 필요악이라는 논리다. 담배를 끊지 못하는 애연가에게 지금 피우는 담배가 언제나 '마지막 담배'인 것처럼 '문자 폭탄'을 보내는 이들에게 지금 실행하는 사이버 불링은 언제나 '비상 상황'에 대한 대책인 것이다. 이 허구적 '마지막 담배'와 '예외 상태'를 진심으로 믿는다는 점에서 이들의 행동은 '진성성'을 획득한다.

청문회와 '문자 테러'는 2016년에서 2017년에 걸쳐 일어난 촛불의 의미를 되새겨보게 만든다. '시민 혁명'이라는 수식어도 있지만, 당시에 벌어진 상황은 법의 테두리 내에서 이뤄진 '평화 시위'였다. 시위가 평화적이어서 문제였다기보다 그 시위가 왜 촛불로 표현되면서 평화적으로 진행됐는지 그 사실이 중요하다. 분명 경찰로 대표되는 국가 폭력은 항상 그랬듯 청와대 앞을 지켰다. 그럼에도 경찰은 법원의 명령을 거스르지 않았다. '참주'로 받아들여지던 대통령의 명령보다 법의 지시를 따른 것이다. 이 변화는 작지만, 내포된 함의를 과소평가할 수 없다. 슈미트의 구분법에 따르면 독재는 위임적 독재와 주권적 독재로 나눌 수 있다.

위임적 독재는 헌법을 수호하기 위해 일시적으로 헌법의 효력을 정지하는 것이다. 헌법을 수호하기 위해 헌법을 위반할 수 있다고 생각하는 것이 이런 위임적 독재다. 한편 주권적 독재는 헌법의 효력을 정지하는 것을 넘어서 새로운 헌법을 제정할 수 있게 하는 '비상 상황'을 조성하는 것이다. 이때 새로운 헌법이란 더 많은 '국민'의 의지를 실현한 '참된 헌법'이다.

기존의 법질서를 총체적으로 뒤흔들어 새로운 법질서를 만드는 혁명적 상황은 이런 주권적 독재를 통해 가능하다는 논리다. 물론 슈미트는 이런 헌법의 효력 정지라는 '예외적 상태'를 일시적인 것이라고 생각했지만, 조르조 아감벤이 적절하게 지적했듯 한국의 사례만 놓고 보더라도 이런 상태는 항상성을 가진다고 할 수 있다. 지금이야말로 헌법을 넘어선 독재가 필요한 '예외 상태'라는 주장은 언제나 '국민'을 앞세우고 이뤄진다. 그러나 아감벤이 갈파했듯 이렇게 '예외 상태'를 강조하면서 헌법의 원칙을 무효화하는 주장은 효과적 지배를 위한 정치적 허구일 뿐이다.

청문회가 법 없는 아노미 상태를 드러내는 것이라면, '문자폭탄'은 이 아노미 상태를 '예외 상태'로 규정하면서 헌법의 효력을 정지하려는 기동이다. 그러나 이런 기동이 과연 '참된 헌법'을 제정하려는 '국민의 의지'를 표현하는 것인지 의문이 들지 않을 수 없다. 국회 의원들이든 이에 항의하는 문재인 정부 지지자들이든 결과적으로 기존의 헌법보다 우위에 있는 어떤 가치를 이야기하지만, 정작 체제의 논리 자체를 넘어설 의지는 보여주지 않기 때문이다. 이들에게 '국민'은 편의적인 것이고 임의적인 것일 뿐이다. '예외 상태'이기 때문에 이들은 노동자들에게, 여성들에게, 성 소수자들에게 "가만있어!"라고 말한다. 그러나 역설적으로 그렇게 말할 '예외적 권리'는 없다는 것을 지난 촛불이 보여줬다. 근대 이후 민주 국가는 개인의 자유에 전제한다. 그러나 앞서 말했듯 이 자유는 역설을 내포한다. 이 자유의 문제를 근대성에 천착해 파고든 한 사회 철학자가 있다. 지그문트 바우만이다. 2017년 1월, 향년 91세로 세상을 떠난 이 사회 철학자의 세계로 들어가 이 문제를 좀 더 짚어보겠다.

지그문트 바우만의 교훈

 폴란드 출신으로 영국에서 활동하면서 당대 최고의 사회 철학자로 평가받은 바우만의 사상은 학계를 넘어 실천가들에게 깊은 영향을 남겼다. 그의 사상에서 핵심적 개념은 '액체성 liquidity'일 것이다. 독특하게도 그는 근대의 특성을 '흐르는 속성'에서 찾았다. '뿌리 없음' 또는 '세계 없음'이라는 근대에 대한 정의들과 나란히 바우만은 자신만의 비유로 근대의 특성을 개념화한 것이다.

 이처럼 근대 자체의 특징을 '흐르는 액체'에서 찾아내는 통찰은 많은 사람의 공감을 얻었다고 할 수 있다. 마크 데이비스Mark Davies와 톰 캠프벨Tom Campbell은 『가디언』에 기고한 부고에서 "스페인과 이탈리아, 그리고 중남미에 있는 젊은 활동가들에게 깊은 영향을 줬다."고 밝혔다. 실질적으로 그의 사상은 책 속에 머문 것이 아니라 현실을 움직이는 지적 영감으로 작동했다고 할 수 있다.

 바우만은 평생토록 엘리트와 비엘리트의 양극화, 불평등에 대한 관용, 그리고 권력과 정치의 분리라는 주제에 천착했다. 그의 사상은 일관되게 옳고 그름을 따지는 차원을 넘어서 이데올로기에 가려진 다양한 문제의식을 제기하고자 했다. 물론 그렇다고 손쉽게 대답을 제시한 것은 아니었다. 그의 문제 제기는 '사유'를 추동하기 위한 것에 가까웠다. 그래서 그는 자명한 것처럼 보이는 문제들에 언제나 대립각을 세웠다.

대표작 중 하나인 『액체 근대성Liquid Modernity』은 이런 바우만의 사유를 정확하게 보여준다. 그는 '해방'에 대한 헤르베르트 마르쿠제의 주장을 고찰하면서 자유freedom라는 개념에 내포된 이중성을 폭로했다. 마르쿠제는 진정으로 해방을 원하거나 자유를 추구하는 이들이 드물다고 불평하면서 해방이 아니라 구속되기를 원하는 현대 사회의 문제를 비판했다. 바우만은 이런 마르쿠제의 '불평'에서 한 발 더 나아가 왜 많은 사람이 해방을 원하거나 더 해방된 미래를 위해 행동하지 않는지 밝히려고 했다.

바우만은 아르투르 쇼펜하우어를 거론하면서 "자유롭다고 느낀다."는 것이 사실은 어떤 제약이나 방해를 받지 않고 자신의 욕망이나 바람을 추구할 수 있는 상태를 뜻한다고 봤다.[7] 겉으로 해방의 문제는 모든 족쇄와 굴레로부터 벗어나는 것을 뜻하지만, 실제로 "자유롭다고 느낀다."는 개인적 해방의 문제를 살펴보면 우리가 원하는 것은 "상상력과 행동력 사이의 균형"이라는 것이 그의 지적이다. 이 균형이 깨지는 순간 자유는 이제 지지를 얻지 못한다는 것이다.

이 균형을 달성하는 방식은 두 가지다. 행동력을 신장하거나 아니면 상상력을 제한하는 것이다. 바우만의 관점에서 역설적으로 자유는 이처럼 실현할 수 없는 욕망을 통제하는 방식으로 얻어진다. 우리에게 자유는 주관적인 것이지 객관적인 것이 아니다. 왜냐하면 자유는 우리가 자유롭게 느낄 수 있어야 비로소 자유로운 것이기에 자유롭지 않더라도 그 사실을 깨닫지 못할 수 있기 때문이다. 더 최악의 경우는 구속을 자유로 여기는 상태다. 이런 상태라면 해방이 주어진다고 해도 그 해방의 자유를 위해 치러야 할 대가를 용납할 수 없을 것이기 때문이다.

　이처럼 바우만은 규범적 차원에서 당위로 포장된 자유의 문제를 해체함으로써 새로운 문제의식을 드러낸다고 할 수 있다. 이를 통해 그가 묻고자 하는 것은 정치적이거나 도덕적인 의미에서 어떻게 인간의 자율성이 가능한지에 대한 것이다. 이런 의미에서 그는 피에르 부르디외나 울리히 벡 같은 여타 사회학자와 다른 입장에 섰다고 할 수 있다. 그는 궁극적으로 근대를 부정한다기보다 그 토대를 재사유할 것을 주문했다. 그의 관점에서 '액체 근대'에 대한 분석은 결과적으로 어떻게 이런 근대를 살아갈 것인지에 대한 문제 제기로 나아가는 것이다.

　바우만이 제시하는 '액체 근대'라는 것은 이미 누군가 만들어놓은 기존의 리얼리티와 다른 방식으로 주어진 리얼리티를 믿고 살아가는 것을 뜻한다. 단순하게 유동성이라고 이해하기 힘든 함의가 이 개념에 숨어 있다. '액체 근대'에서 만물은 끊임없이 변하고 흐르는 것처럼 보인다. 이런 전제라면 근대 이후 인간의 삶을 규정하는 것은 부르디외식 '아비투스^{habitus}' 라기보다 특정한 개인이 이리저리 옮겨 다니면서 거처^{habitat}를 잡는 것일 수밖에 없다. 거처라는 곳은 통시적으로 결정 불가능할 뿐 아니라 서로 모순적 의미들이 서로 충돌하는 혼돈의 공간이다. 개인이 기거한 거처들은 전적으로 우발적이다. 어떤 특정한 장소가 거처여야 할 이유도 없고, 이 거처의 의미는 특정 거처에 기거하는 거주자들의 행동에 따라 언제든 변화한다. 이렇게 거처에 매인 행위자의 실존 양상은 언제나 결정하기에 충분하지 않다. 근대의 실존은 비록 거처에 머물지라도 뿌리를 가질 수 없는 것이다. 따라서 근대의 실존은 구성돼야 하지만, 거처의 불확실성에서 확인할 수 있듯 그 구성을 보장해줄 설계도를 미리 그려볼 수 없다는 난제에 부딪힌다.

바우만의 개인사를 이런 주장에서 읽어내기란 어렵지 않다. 폴란드 유태인이었던 그는 나치에 대항해 싸웠지만, 후일 공산 정권에서 유태인이라는 이유로 박해를 받았다. 유태인이라는 존재론적 정체성은 그에게 뿌리를 부여한 것이 아니라 영토를 박탈했다. 정치적 숙청을 피해 그는 폴란드 시민권을 포기하고 영국으로 망명해야 했다. 그러나 망명지에서도 과거는 그를 자유롭게 놓아두지 않았다. 공산 치하에서 그가 비밀경찰로 활동했다는 주장을 제기하는 일군의 폴란드 우파 청년들로 인해 한동안 고통을 겪기도 했다. 이에 대해 그는 『가디언』과 이뤄진 인터뷰에서 한때 공산주의자로서 공산당에 복무하긴 했지만, 구체적 정보 활동에 가담한 적이 없다고 진술했다.

　바우만이 말하는 실존의 불확실성은 디아스포라의 운명에 처해질 수밖에 없던 자기 자신의 이야기이기도 한 셈이다. 한나 아렌트의 경우처럼 2차 세계 대전과 냉전, 그리고 유태인이라는 떠도는 유령의 존재론에 비춰 고찰했을 때 비로소 '액체 근대'에 대한 그의 고민을 더 핍진하게 읽어낼 수 있지 않을까. 이런 개인사를 배경으로 놓고 봤을 때 그의 사유가 왜 주어진 개념의 양가성을 집요하게 드러내려고 시도하는지 더 분명해지지 않을까. 바우만은 실존의 양상을 구성성에서 찾는다는 점에서 개인을 사회 구조로부터 자유로울 수 있는 존재로 규정하지 않는다는 것을 알 수 있다. 개인은 언제나 조건과 숙명에 지배당한다. 그러나 그 조건과 숙명은 필연성이라기보다 우발성이다.

　역사적으로 구축된 주어진 사회적 삶의 영역 대신에 거처는 시간을 해체하고 과거와 '삶-세계'를 연결하는 고리를 약화하게 한다. 개인은 '삶-세계'에서 사회적인 것을 위해 재생될 뿐이다. 액체 근대에서 지배적인 것은 공리주의가 아니라 급진적 개인주의라는 사실을 바우만은 지적한다. 이런 개인주의를 바우만은 심미적 개인주의aesthetic individualism라고 부른다. 이 심미적 개인주의는 이질적이고 우발적 욕망의 개인주의다.

　그러나 이 욕망은 공리주의의 결론처럼 쾌락주의로 귀결하지 않는다는 것이 바우만의 진단이다. 이 욕망의 개인, 다시 말해 액체 근대인이 사명으로 삼는 것은 이 세계에 자신의 장소를 만들어내는 것이다.[8] 액체 근대인과 대비되는 고체 근대인은 완전한 자아를 추구하기 위해 순간을 산다. 그러나 액체 근대인은 지금 여기를 사는 것 이외에 다른 것을 할 수 없다. 현재 시제만을 살아갈 수밖에 없다. 이들이 살아내야 하는 영원한 현재는 과거와 현재에 전혀 연결 고리를 만들어내지 못하는 순간들일 뿐이다. 액체 근대성은 일관성이나 이해 가능성을 허락하지 않는다. 오직 우발적이고 서로 메울 수 없는 각각 다른 영역의 경험들의 총체다. 이런 의미에서 액체 근대라는 것은 한마디로 우발성이라고 말할 수 있을 것이다.

이 우발성을 계획하고자 하는 것이 삶의 비즈니스다. 삶의 비즈니스 중에 대표적인 것이 자기 계발이다. 그러나 이런 삶의 비즈니스 역시 미리 구조화되지 않다는 점에서 여전히 불확실하다. 이런 이유에서 구성적이고 지속 가능한 행위자는 자기 구성적 과정의 일부로 보이게 된다.

바우만의 입장에서 개인의 자유는 행동의 자유를 의미한다. 표현의 자유라거나 집회 결사의 자유보다 이 행동의 자유가 우선한다는 것이다. 이런 의미에서 개인의 자유는 특권적이라는 것이 바우만의 주장이다.[9] 인간이 자유롭다는 것은 자명하지 않다고 바우만은 생각했다. 바우만에게 자유는 자신의 의도를 인지할 수 있는 가능성이었다. 이 말은 결국 사회적 존재로서 개인이 대자적으로 행동할 때 비로소 자유롭다는 의미다. 자유는 사회적 실천의 문제다. 이런 자유의 문제는 권력과 관련을 가진다. 행동하기 위해 향유할 수 있는 자유는 천차만별이다. 이렇게 서로 다른 자유의 양은 사회적으로 분배되는 것이기도 하다. 따라서 이런 사회 구조와 무관한 절대적 자유는 존재할 수 없다.

자유가 권력의 문제라고 했을 때 이런 자유의 분배에 차별이 존재한다는 사실을 암시하는 것이다. 여기에서 권력은 선택의 자유이자 그 선택의 목적을 달성할 수 있는 자유다. 더 권력을 많이 가질수록 더 많은 선택의 자유를 누릴 수 있다. 당연히 더 많은 선택의 자유를 누린 만큼 더 다양한 결과물을 산출할 수 있다. 그렇다고 권력이 곧 자유라는 뜻은 아니다. 권력과 자유가 일대일 등식을 이루는 것이 아닌 것이다. 개인이 실행하는 자율성은 다른 개인과 어우러져 타율성의 경험을 만들어낸다고 보는 것이 더 옳다. 다시 말하자면 독재자의 권력은 다른 이들의 자유를 박탈함으로써 작동한다. 이것이 바로 타율성의 경험이다.

특정한 개인에게 집중된 권력은 다른 이들의 권력을 제한한다는 점에서 권력과 자유는 등가적이지 않다. 개인은 각자에게 의존하면서 타인의 자유를 규제한다. 이런 자유에 대한 관점은 바우만의 저작을 관통하는 하나의 핵심 테제다. '액체성'이 바우만의 주요 개념으로 거론되지만, 이 '액체 근대'에 대한 바우만의 탐구는 개인의 자유, 그리고 그 자유를 배분하는 권력의 문제와 밀접하게 관련돼 있다. 그의 주장대로 사회 체계는 바로 자유를 할당하는 분배 구조이기 때문이다.

따라서 자유는 독자적으로 존재할 수 있는 것이 아니라 타인과 서로 행동으로 연결돼 공존할 때에 비로소 존재할 수 있다. 타인의 자유를 더 많이 박탈함으로써 특정 개인의 자유는 더 배가될 수 있는 것이다. 타인에게 자유를 적게 분배해줄수록 특정 개인의 자유는 더 많아지는 원리다. 이런 맥락에서 자유는 권력의 문제이기도 하다. 여기에서 자유의 양면성이 드러난다. 완전한 자유란 결과적으로 이런 의존을 벗어난 상태를 의미하기 때문이다. 그러나 이런 상태는 오직 타인의 관계에서 획득이 가능하다. 바우만은 여러 작업을 통해 이렇게 자유와 권력이 '이중 구속' 관계를 이룬다는 사실을 밝히고자 했던 것이다.

자유가 관계적이라는 말은 자유를 분배하는 사회적 관계 또는 구조가 사회적 지위를 통해 구현된다는 것을 뜻한다. 특정한 사회적 지위가 자유의 할당을 결정하는 재원과 권력을 제공해주는 것이다. 따라서 바우만에게 자유는 근대의 발명품이라기보다 인류 사회의 산물이다. 다만 이 자유가 근대에 이르러 특정한 형태로 변형됐다는 것이 바우만의 생각이다. 이 자유의 변형에 결정적인 것이 바로 소비주의다. 우리는 분명 오늘날에도 강력한 근대성의 시대를 살고 있다. 단단한 모든 것이 허공으로 사라지는 시대에 사는 것이다. 바우만은 이 근대를 고체와 액체의 시기로 나누는 것이고, 고체 근대의 견고성은 이제 사라졌다고 주장한다.

'고체 근대'는 '무거운 자본주의heavy capitalism'와 함께 작동했다. '무거운 자본주의'는 자본과 노동 사이가 견고하게 연결돼 있다. 이 둘은 객관적 연결 못지않게 주관적으로 서로 의존하는 관계를 구성했다. 그러나 오늘날의 '가벼운 자본주의^{light capitalism}'는 과거 공장주가 그랬던 것과 달리 자본과 지역 공동체는 아무런 관련성을 갖지 않는다. '고체 근대'가 파놉티콘^{panopticon}의 시대였다면, 오늘날은 이 관계가 테크놀로지를 통해 뒤집어진 시놉티콘^{synopticon}의 시대라는 것이 바우만의 진단이다. 후기 파놉티콘의 시대라고 부를 만한 현재의 자본주의에서 중요한 것은 탈출이다. '고체 근대'는 엘리트가 대중을 감시하는 시대였다면, 지금은 반대로 대중이 엘리트를 예의 주시하는 시대가 돼버린 것이다.

특히 연예인들에 대한 관심은 시놉티콘으로 전환된 '액체 근대'의 특징을 극명하게 보여주는 사례다. 이들 연예인은 흥미진진한 삶의 본보기로 항상 변화무쌍한 '액체 근대'를 살아가는 개인에게 호명되는 것이다. 액체 사회에서 우리는 문화화^{cultivation}로부터 자유롭다. 이때 문화화라는 것은 바우만의 용어법으로 문화 동질성을 만들어내기 위한 국가 주도의 교양 문화를 의미한다. 이런 국가 주도의 교양 문화를 대체하는 것이 다름 아닌 시장이다. 이 시장이 구현하는 것이 문화 다원주의다. '액체 근대'에서 기존의 사회 위계를 구성하던 요소들은 녹아내릴 수밖에 없다. 사회 위계를 통해 정체성을 만들어내던 과거의 방식은 이제 작동하기 어렵다.

바우만은 이런 변화를 탈위계적 상황으로 인식했다. 오늘을 살아가는 우리는 탈이데올로기적이기를 원한다. 경영자들이나 지도자들 역시 마찬가지다. 무엇을 할 것인지 말하지 않는다. 대신에 우리는 영감을 받고 싶은 유명인들을 찾아 헤맨다. '무거운 자본주의'에서 핵심적이던 테일러주의는 폐기된 것처럼 보인다. 강한 권력으로 노동자들을 통제하는 것이 아니라 자신의 우월성을 보여줌으로써 그들의 관심을 끌고자 한다. 경영자와 피고용자는 서로 참견하지 않고 개인들은 각자도생의 자기 계발에 힘써야 한다는 강박에 사로잡혀 자발적으로 이런 시장의 문화 다원주의에 복속된다.

이를 통해 바우만이 말하고자 하는 것은 무엇일까. 한마디로 정리하자면 '액체 근대'는 문화화 또는 이데올로기적 교화로부터 해방되는 것이다. 그러나 이 해방은 개인의 자유를 의미하지 않는다. 앞서 논의했듯 바우만의 입장에서 자유는 해방의 문제가 아니기 때문이다. 바우만에 따르면 '액체 근대'에서 해방된 개인을 기다리는 것은 '소비주의'다. 이 '소비주의'는 자유라기보다 또 다른 구속을 의미한다. 왜냐하면 소비주의는 '선택'의 문제이기 때문이다.

결론적으로 말하자면 '선택'의 문제는 곧 권력의 문제다. 강도가 피해자를 향해 "돈이냐 목숨이냐 선택해라."고 요구한다면 결국 돈을 줄 수밖에 없다. 그렇지 않으면 목숨도 빼앗기고 돈도 빼앗길 것이기 때문이다. 선택을 요구하는 것 자체가 권력의 문제다. 누가 얼마나 많은 권력을 가졌는지 여부가 곧 얼마나 많은 자유를 누릴 수 있는지 결정한다. 시장에서 소비자가 되기 위해 필요한 것은 구매력이다. 구매력은 다름 아닌 화폐 보유 능력이다. 시장의 매력은 금욕적인 이들에게조차 자유를 부여한다는 점일 것이다. 게다가 시장은 소비자의 선택에 따라 데이터를 산출해주는 확실성의 공간이다. 이처럼 소비자에게 주어진 선택의 자유는 '액체 근대'의 불확실성을 상쇄하고도 남는 것처럼 보인다.

그러나 바우만의 관점에서 개별 소비자의 자유는 현 사회를 구성하는 통합적 메커니즘이긴 하지만, 이 메커니즘이 모든 사람에게 선택의 감미로움을 선사하지 않는다는 것이 문제다. 무엇인가를 선택하기 위해 필요한 것은 잘못된 선택을 하지 않을 다양한 원천이다. 당장 홈쇼핑에서 물건을 하나 사고자 해도 수많은 상품을 대조해 가격을 비교한 뒤에 사게 된다. 막상 구매 버튼을 누를 때도 재정 상태를 고려해 살까 말까 망설일 수밖에 없다. 이런 '피곤함'이 평범한 개별 소비자의 일상이다. 말하자면 선택하는 삶이 마냥 즐겁지는 않은 것이다. 진정으로 개별 소비자가 원하는 것은 다양한 선택의 자유를 누리는 것이라기보다 아예 선택 자체로부터 자유로운 것이다. '가격 비교' 없이 단번에 사고 싶은 상품을 구매할 수 있는 소비자야말로 '갑'이다. 이런 의미에서 선택의 자유 역시 특권적이라고 할 수 있다. 선택을 위한 원천에 취약한 소수들은 '현명한 소비자들'이 되기 어렵다. 이런 소수들을 시장은 '잘못된 소비자'로 규정한다.

이것을 층위화stratification라고 부를 수 있다. 바우만은 이 층위화의 문제를 선택의 자유라는 관점에서 재정식화하고자 한다. 역시 이런 재정식화에서도 초기부터 천착해온 자유의 문제가 중요한 역할을 하는 것이다. 이런 층위화의 예를 들자면 여행자와 방랑자라는 대립쌍일 것이다. 여행자로서 삶을 살고자 하는 이들은 즐거운 경험을 스스로 찾아 즐기고자 하는 반면, 방랑자로 살려는 이들은 타자의 의지에 이끌린다. 방랑자는 여행자처럼 이동을 계획하지 않는다. 우연에 모든 것을 맡긴다는 것이 바로 타자에 이끌리는 방랑자의 특징이다. 방랑자는 선택하지 않는다. 다만 선택을 당할 뿐이다. 이처럼 선택의 자유야말로 층위화를 가능하게 만드는 중요한 요인이다. 더 많은 선택의 자유를 가질수록 더 높은 사회적 지위를 가진다.

물론 이런 개인의 자유가 현 사회의 통합에 중요한 중심축이긴 하지만, 이 또한 '액체 근대'로 인해 발생하는 지속적 인간관계의 위기와 불안정 때문에 붕괴의 위험에 직면한다. 자유와 안전security이 직결된 것이다. 이 인관관계의 위기와 불안정은 무엇일까. 바우만은 다음과 같이 말한다.

우리 대부분은 직장 상사, 동료, 고객과의 일상적 관계에서 초래되는 걱정거리에 파묻혀 있으며, 이런 걱정거리를 휴대용 컴퓨터나 전화에 담아 어디든(집으로, 주말 산책로로, 휴가지의 호텔로) 달고 다닌다. 우리는 직장으로부터 전화 한 통이나 메시지 한 건 이상의 거리를 유지할 수 없으며 늘 대기 상태에 있다. 우리는 직장 네트워크에 영구히 접속돼 있기 때문에 월요일까지 완료해야 하는 보고

서나 프로젝트를 위해 주말에 일하지 않겠다는 핑계를 댈 수 없다. '사무실 문을 닫는 시간'은 결코 오지 않는다. 가정과 직장을 나누고 노동 시간과 이른바 '자유 시간'이나 '여가 시간'을 나누는 한때 신성불가침이던 경계선은 지워졌다. 따라서 삶의 매 순간은 선택의 순간이 된다. 이것은 중대한 선택, 고통스럽고 종종 영향력이 큰 선택, 출세와 도덕적 의무 사이의 선택, 직무상의 의무와 우리의 시간, 동정심, 배려, 도움, 구제를 필요로 하는 사람들의 요구 사이의 선택이다.[10]

시장은 이런 선택의 딜레마를 해결해주지 못한다. 오히려 이 딜레마에 빠져 허우적거리다간 보기 좋게 시장으로부터 쫓겨날 수 있다. 소비 행위는 이제 중요한 도덕적 선택의 문제가 된다. 물건을 사는 행위는 삶의 매 순간을 구성하는 진지한 존재 방식이다. 그리고 이 존재 방식은 안전이라는 사회의 핵심 의제와 연결돼 있다. 선택의 자유를 누리기 위해 필요한 것이 바로 안전인 것이다. 이 안전이야말로 자유가 우리에게 부여하는 '이중 구속'의 실체가 아닐까.

지금까지 살펴봤듯 바우만은 '액체 근대'의 문제가 어떻게 선택의 자유를 통해 안전의 구속에 이르게 되는지 적절하게 설명했다. 이런 바우만의 생각은 분명 흥미로운 것이지만, 소비 사회가 부여하는 선택의 자유를 넘어설 뾰족한 대책이 없는 것은 문제라고 할 수 있다. 그리고 '액체 근대'라고 규정하는 그의 문제의식은 사안을 구체화한다기보다 일반화하는 경향을 보인다. 따라서 근대의 '액체화'가 시장 다원주의로 귀결됐다는 진단은 단면적인 것처럼 보인다. 이런 바우만의 관점에서 보면 오늘날 미국과 유럽에서 발흥한 극우주의의 의미를 이해하기 어렵다. 바우만은 권력과 정치의 분리가 정치의 역할을 무기력하게 만든다고 진단했지만, 이런 극우주의의 동향은 단순하게 정치 없는 '분노'의 유령만은 아니라고 할 수 있다. 액체 근대에서 안정성이라는 것은 결국 미친 듯 질주하는 변화를 지속하는 것이라는 주장은 글로벌 자본주의에 대한 대안 없는 묘사에 그치는 것처럼 보인다.

이런 바우만의 진단과 달리 이 세계는 일반적이라기보다 특수한 역사적 기원과 끝을 갖고 있을 공산이 크다. 앞서 논의했듯 글로벌 자본주의는 자명한 것이 아니라 특수한 시기에 생겨난 역사의 산물일 뿐이다. 바디우의 지적처럼 글로벌 자본주의는 전일적 세계의 논리다. 이 세계의 논리에 대항해 가장 선명한 목소리를 내는 정치 세력이 아이러니하게 극우들이다. 프랑스의 마린 르펜은 스타벅스와 월마트에 침공당한 프랑스를 유권자들에게 돌려주겠다고 약속한다. 러시아의 알렉산더 두긴은 시장 자본주의의 위선을 버리고 도스토옙스키의 정신으로 돌아가자고 주장한다. 이런 새로운 우익의 주장은 갑자기 출현했다기보다 자본주의에 내재한 파시즘의 반복으로 봐야 할 것이다. 글로벌 자본주의에 대항해 '민족'을 내세우는 방식은 과거 영국의 제국에 맞서 민족주의를 강조한 독일의 나치 경험이기도 하다.

이런 '민족'은 명백하게 '액체 근대'에 대비되는 '고체 근대'의 귀환처럼 보인다. 바우만 사후에 주변에서 벌어지는 이 같은 현상들은 바우만이 우울하게 진단한 '액체 근대'의 양상을 거스르는 어떤 힘들을 보여준다. 이 현상들을 바우만처럼 자유의 양가성이라는 통일적 개념으로 설명할 수는 없을 것 같다. 그럼에도 그가 진단한 글로벌 자본주의의 '액체성'과 자유의 문제는 지금 벌어지는 현상의 뿌리이기도 할 것이다.

1968년 5월과 CIA

바우만이 제기한 근대성의 문제를 집요하게 파고든 철학의 흐름이 바로 프랑스 철학이었다. 프랑스 철학은 전후 글로벌 자본주의의 발흥에 대한 철학적 대응이었다고 볼 수 있다. 이런 의미에서 '프랑스' 철학은 프랑스라는 지리적 한계에 국한된 특수한 이론이 아니라 글로벌 자본주의의 문제를 해명하려고 했던 보편의 지적 운동이었다고 할 수 있다. 특히 프랑스 철학은 스탈린주의라는 공산주의 운동의 위기를 해결하기 위한 마르크스주의의 전회를 포함했다. 1968년 이후 베르나르 앙리 레비나 앙드레 글뤽스만 같은 '전향자'도 출현하긴 했지만, 대체로 프랑스 철학의 목표는 1960년대의 급진주의를 보전하려는 사상적 분투에 가까웠다.

이런 맥락에서 2018년은 1968년 프랑스에서 일어난 5월 혁명 50주년을 기념하는 해였다. 앞서 이야기한 내용에 비춰 한마디로 정의하자면 바우만이 진단한 '액체성'이 급진주의의 모습으로 등장한 것이 바로 1968년 5월 혁명일 것이다. 50주년을 맞이해 떠들썩하진 않지만, 그래도 1968년 '그 사건'을 기념하는 목소리들이 이곳저곳에서 들려왔다. 영국의 대표적 좌파 출판사인 버소는 글로벌한 차원에서 이뤄진 5월 혁명의 양상과 영향을 짚어내면서 현재적 의미를 짚어내 블로그에 게시하기도 했다.[11]

프랑스 철학자 질 들뢰즈와 펠릭스 가타리는 1968년 5월을 가리켜 "순수한 사건의 질서 그 이상"이자 "모든 정상적인 것 또는 규범적 인과성을 넘어선 사건"이라고 규정했다.[12] 이런 규정은 의미심장하다. 이들에 따르면 1968년 사건은 어떤 위기에 대한 대응이나 결과라기보다 이 사건을 동화하지 못하는 "프랑스 사회의 무능력이라는 곤경"을 보여주는 사건이기 때문이다.[13] 1968년 5월 혁명이 일어나고 10년 후에 작성된 이 글에서 들뢰즈와 가타리는 "68년 5월의 아이들은 … 오늘날 더는 자신들의 주체성에 조응하는 것들이 존재하지 않는다는 것을 너무나 완벽하게 알고 있다."고 썼다.

그러나 들뢰즈와 가타리가 다소 회한에 젖어 회고한 "68년 5월의 아이들"이 미처 몰랐던 사실이 하나의 문건을 통해 공개되면서 이 사건을 다시 바라볼 필요성이 제기됐다. 1985년 12월 미국 중앙정보국CIA이 작성한 『프랑스 : 좌파 지식인들의 전향』이라는 연구 보고서가 바로 그것이다. 연구 보고서는 그동안 '풍문'이었던 미국 CIA와 프랑스 전후 사회의 관계를 암시한다는 점에서 진지하게 다룰 이유가 있을 뿐 아니라 역설적으로 1968년 5월 이후 고조된 혁명의 열기를 이론화하려고 했던 프랑스 철학에 대해 '전후 질서의 주도자'인 미국이 어떤 입장을 가졌던 것인지를 간접적으로 드러내는 명백한 자료다. 이 보고서는 첫머리에서 다음과 같이 작성의 필요성을 설명한다.

> 프랑스의 정치적 일상에서 지식인들은 전통적으로 영향력 있는 역할을 수행해왔다. 비록 정책을 입안하는 데 직접 참여하지 않더라도 그들은 정치가 수행돼야 하는 분위기를 조건 지우고 프랑스 정책을 형성하는 정치적이고 이데올로기적인 경향성을 만들어내는 중요한 위치에 있다. 정책 입안에 대한 영향력을 가늠하기란 어렵기에 이 보고서는 변화된 프랑스 지식인들의 태도와 정책이 만들어지는 정치 환경에 대한 가능한 그들의 영향을 측정하는 데 초점을 맞춘다.[14]

말하자면 프랑스의 정치와 정책 입안을 이해하기 위해 프랑스 지식인들을 연구하고자 했다는 것이 보고서의 직접 목적이다. 이 진술이 흥미로운 이유는 앞서 인용한 들뢰즈와 가타리의 말에 대조적으로 이들은 여전히 프랑스 철학의 영향력을 인정하고 있기 때문이다. 이 보고서의 작성자는 익명으로 처리돼 있지만, "EURA 중앙 지중해 지부" 소속의 "유럽 분석국"에서 만들어진 것으로 명시돼 있다.

당시에 프랑스의 정치 상황은 왜 중요했을까. 1985년도는 프랑수아 미테랑 정부가 수립되고 4년이 흐른 뒤였다. 시작부터 보고서는 프랑스에서 일고 있는 새로운 지적 흐름을 소개하면서 "반마르크스주의와 반소비에트주의의 정신으로 인해 누구도 미국의 정책에 대해 중요한 반대를 조직할 수 없다.”고 진단했다. 여전히 미국 정책에 대한 비판도 없지 않지만, “소련이 신좌파 지식인들의 공격을 방어하기에 급급하다.”는 것이다.[15] 소련에 대해 냉담한 미테랑의 태도가 이런 분위기에 일조하지만, 그렇다고 그의 당이 프랑스 좌파 지식인의 주장을 정책에 반영하는 것은 아니라고 전한다.

흥미롭게도 보고서는 지식인 역할의 변화 덕분에 이런 조짐이 발생했다고 말한다. 다시 말해 프랑스에서 위력을 발휘했던 좌파 지식인의 영향력 쇠퇴로 인해 마르크스주의와 소비에트에 대한 비판적 접근이 일어났다는 것이다. 보고서의 분석에 따르면 신좌파는 두 가지를 중요하게 따지면서 전선을 형성한다. 하나는 “광범위한 중도 좌파 연대를 성공적으로 이끌어낼 수 있는 온건 사회주의자”를 지지하고, 다른 하나는 “다가오는 총선에서 프랑스 공산당과 함께 좌파 연합을 추진하고 있는 강경 사회주의자”를 반대하는 것이다.[16] 보고서의 판단은 이런 신좌파의 활동이 사회당과 공산당 진영으로부터 지지자들을 이탈하게 할 것이라고 봤다.

보고서가 중요하게 취급하는 “좌파 지식인의 쇠퇴”에 결정적 영향을 미친 이들은 바로 1968년 5월 이후에 기성 좌파를 “전체주의자”라고 비판하면서 등장하기 시작한 “신철학자들 The New Philosophers”이었다. 보고서는 다음과 같이 주장한다.

그들 대부분은 프랑스에서 교사와 사상가를 교육하는 것으로 정평이 높은 파리고등사범 출신이었고, 그들은 1960년대 레프트 뱅크 운동을 함께 경험하면서 파리고등사범에서 가르치던 스탈린주의적 궤변을 거부했다.[17]

보고서는 레비와 글뤽스만을 1968년 5월 혁명을 대표하는 지도자로 간주하면서 "모든 마르크스주의 사상은 궁극적으로 전체주의"라고 밝혔지만, 그럼에도 이 "신철학자"들은 드골주의를 비판하는 한편 자본주의를 차악으로 보는 입장을 버리지 않는다고 전했다.[18] 여전히 자본주의에 대해 양가적 입장을 취한다는 것이다. 여기에서 주목해야 할 지점은 보고의 당사자들 입장에서 여전히 프랑스 좌파 지식인의 전통을 고수하는 '잔존 세력'이 없는 것은 아니라고 진술돼 있다는 사실이다.

보고서에서 변함없이 "공산주의적 학자"로서 굳건하게 자리를 지키는 이들로 거론되는 철학자들은 사르트르, 롤랑 바르트, 자크 라캉, 그리고 알튀세르다.[19] 물론 이들은 1985년에 이르면 세상을 떴거나 아니면 알튀세르처럼 더는 활동을 할 수 없게 된다. 이런 상황과 마르크스주의와 소비에트에 대한 환멸이 어우러져 프랑스의 정치 상황에 중대한 변화가 감지된다는 것이다. 전후 프랑스 지식인들이 반미 감정을 키웠다면 이런 "반마르크스주의와 반소비에트주의가 미국에 대한 프랑스 젊은 세대의 태도를 바꾸고 있다는 것"이다.[20] 이런 진단에 덧붙여 한때 유행처럼 번졌던 반미주의는 이제 고색

창연하게 느껴질 지경이라는 희망찬 분석이 이어진다.

아날학파와 클로드 레비 스트로스, 그리고 푸코도 등장한다. 이들은 마르크스주의 방법론을 "사회사의 실질적 패턴을 발견하기 위한 출발점"으로 사용할 뿐 정통 마르크스주의를 거부한다고 보고서는 진단했다.[21] 사회과학에 지대한 영향을 미친 마르크스주의 방법론의 해체는 향후 프랑스뿐 아니라 서유럽의 다른 지역에도 중대한 공헌을 할 것이라는 결론이다. 이 보고서는 1968년 5월 이후 『텔켈Tel Quel』을 중심으로 등장한 프랑스 "신철학자들"이 기존의 마르크스주의 철학을 무력화하고 사회당과 공산당으로부터 여론을 이탈하게 만들 것이라고 전망했다. 과연 이런 보고서의 내용은 얼마나 사실에 근접하는 것일까.

지금 와서 검토해본다면 이 보고서의 내용은 일면적이고 파편적이라고 할 수밖에 없다. 사실 관계도 잘못된 것이 많고, 프랑스 철학의 문제를 마르크스주의에 국한해 접근하고 있다는 것도 한계다. 프랑스 철학은 데카르트주의와 독일 관념론의 전통을 정신 분석 이론으로 재구성하려는 지적 운동이었다는 역사적 사실도 이 보고서는 간과한다. 따라서 중요한 것은 이 보고서 내용의 사실 여부보다 이 보고서가 왜 작성됐는지 따져보는 것이다. 이 보고서가 작성되고 그 이듬해인 1986년은 유럽(연합)의 입장에서 본다면 대단히 중요한 해다. 1986년은 단일 유럽 의정서Single European Act가 발효한 해다. 이 의정서는 1957년 로마 조약 이후에 최초로 합의된 개정안이다. 이 의정서를 추진한 당사자는 유럽 연합의 전신이라고 할 수 있는 유럽 정치 협력체였고, 여기에서 프랑스와 독일이 주요 회원국 역할을 했다. 이 의정서는 1992년 12월 31일을 기해 단일 시장을 출범하려는 조처를 담은 것으로 1987년 7월 1일부터 실질적 효력을 발휘하기 시작했다.

이 의정서가 중요한 이유는 전후 드골의 독자 노선으로 인해 견제받던 영국이 유럽 정치 협의체의 일원으로 참가하면서 강력한 대처의 금융 탈규제와 사회 보장 지출 삭감 정책을 프랑스가 수용하게 됐기 때문이다. 프랑스 철학에 대한 CIA 보고서는 1985년을 전후해 진행되던 "신자유주의적 전환"과 무관하지 않을 뿐 아니라 이런 노선에 앞장선 주역이 바로 미테랑 정부와 사회당이었음을 환기해주고 있다.[22] 분명한 사실은 1968년 5월 이후 공공연하게 마르크스주의를 비판하고 공산주의를 전체주의와 동일시했던 프랑스 "신철학"의 탈정치성이 유럽에 대한 CIA의 심리전과 맞아떨어진 측면이 있다는 점이다.

프랑스 철학과 미국적 신자유주의 논리의 공모에 대한 문제 제기는 일찍이 도미니크 르쿠르를 통해 제기된 적이 있다. 르쿠르는『중우정치 : 1970년 중반 이후의 프랑스 철학』이라는 책에 실린 부록에서 "무대 전면에서 펼쳐지는 마르크스주의 비판이라는 장면이 가리는 진짜 목적은 지식인의 탈정치화, 대중 결집의 무력화"라고 지적했다.[23] 이 부록은 르쿠르가 1978년에 출간한『반체제인가, 혁명인가』라는 소책자를 함께 묶은 것이다. 사실 CIA 보고서는 이런 르쿠르의 비판을 뒷받침하는 것처럼 보인다.

이 보고서의 의미를 분석한 가브리엘 로크힐은 네 가지 교훈을 되새기자고 주문했다.[24] 첫째는 지식인의 무능과 이론의 죽음이 운위되지만, 역설적으로 권력을 움직이는 국가의 정보기관은 "지성의 영향력"을 신뢰한다는 것이다. 둘째는 실제로 권력 중개상들은 경영학과 테크노과학에 대한 교육 기관의 관심을 이용, 좌파적 사상을 비과학적인 것으로 포장하면서 급진적 좌파의 무력화를 시도한다는 것이다. 셋째는 이런 전략에 맞서 교육을 불안정하게 만들고 직업 교육 훈련으로 전락하려는 시도에 저항해야 한다는 것이다. 마지막으로 지식인으로서 우리의 능력을 인지하고 반자본주의와 반제국주의에 대한 체계적 이론을 전 세계적 연대를 통해 지속적으로 발전해야 한다는 것이다.

이런 로크힐의 주문은 오늘날 일정 부분 조장된 반지성주의를 넘어서기 위한 이론적 모색이 다시 필요하다는 사실을 상기하게 한다. 바디우가 "포스트모던 담론"이라고 지칭하는 "무한한 불확실성의 내부에서 결정적이고 근본적인 철학을 단언하는 것"이 요청되는 것이다.[25] 들뢰즈와 가타리가 주장했듯 아직 '68년 5월'은 일어나지 않았다. 체제의 관점에서 본다면 혁명은 언제나 시기상조이기 때문이다. 바야흐로 전후 체제의 동요가 가시화하는 요즘 '68년 5월'은 여전히 '진리의 철학'을 호명하는 것처럼 보인다.

'세계 없음'으로부터 어떻게 세계는 존재하게 되는가

　글로벌 자본주의의 '액체성'을 설명할 수 있는 다른 말은 아마도 '세계 없음die wertlosigkeit'일 것이다. 일찍이 아렌트는 "세계 없음은 근대와 함께 도래한 전례 없는 경험"이라고 말했다. 이때 아렌트는 자신의 비애를 곧 세계의 상실로 여긴 바로크적 비애를 되새겼을지도 모른다. 그의 벗이기도 했던 발터 벤야민이 『독일 비애극의 원천』에서 암시한 "공허한 세계"의 경험은 2차 세계 대전의 폐허를 피해 신대륙으로 망명해야 했던 '난민'의 처지를 묘사한 표현일 것이다. '애도mourning'를 전시하는 연극과 그 '애도'의 전시를 지켜보는 관객의 우울melancholy이다. 근대성을 설명하기 위한 벤야민의 설정은 「우리, 난민들」에서 드러나는 아렌트의 멜랑콜리와 겹쳐진다. "고국도 국가도 권리도 없는" 난민은 "지상의 쓰레기"다.[26]

　이 상태는 아렌트가 정의한 '세계 없음'을 환기하게 한다. 아렌트에 따르면 '세계 없음'은 '세계 실존worldly existence'과 대척점에 놓인다. '세계 실존'은 세계 내 존재로서 인간이 자신의 세계를 구성하는 것이기도 하다. 마르틴 하이데거로부터 영향을 받은 이 개념은 세계를 사물의 총체라기보다 의미의 체계로 이해하도록 요청한다. 하이데거는 우리가 '있다'고 말하는 것들을 존재^{sein}의 구현이라고 정의했다. '있다'는 이런 의미에서 존재자^{seiendes}라는 것이다. 일반적 오해와 달리 하이데거는 존재와 존재자를 분리해 존재자는 허상이고, 존재는 본질이라는 식으로 이야기한 것이 아니다. 둘은 불가분 관계다. 왜냐하면 존재는 존재자라는 '장소'를 통해 드러날 수밖에 없기 때문이다.

이런 의미에서 존재와 존재자는 구체적 '장소'에 내려앉음으로써 항상 '거기 있음^{dasein}'이라는 형태로 있다. 따라서 아렌트의 '세계 없음'은 바로 이런 '거기 있음'으로 살아가는 인간의 문제다. 특정한 동물을 인간으로 부를 수 있는 요건은 바로 '사유'에 있다. 생각하는 존재로서 인간은 세계 내에서 자신의 존재를 드러내고자 한다. 이것을 '세계 실존'이라고 부를 수 있는 것이다. 실존^{existence}은 '장소'에 복속돼 있지 않고 튀어나와^{ex-} 있는 존재라는 점을 감안한다면 '사유'야말로 구체적 장소성에 붙잡혀 있지만, 동시에 그 한계를 벗어날 수 있는 인간의 특징이라는 사실을 알 수 있다.

같은 맥락에서 아렌트는 자연과 인공의 세계를 구분한다. 인간은 자연 상태에 홀로 존재할 수 없다. 이 사실이 인간의 조건을 만든다. 이 인간의 조건이야말로 '제2의 자연'으로 인간이 만들어낸 '세계'다. 세계 내에 존재하면서 인간은 직접적 자연의 지배에 구속당하지 않고 인간이 스스로 만들어낸 조건의 규율을 따른다. 법, 정치, 종교, 언어, 문화, 예술, 도구 같은 인공적인 것을 존재의 조건으로 받아들이는 것이다. 이 과정을 교육이라고 부를 수 있다. 인간은 태어나 자연의 법칙을 따르지 않고 '선형적' 교육의 경로를 따른다. 이렇게 인간의 조건을 지속하고 안정화하는 것이 모든 문명의 목적이 되는 셈이다.

이 지속성과 안정성이 무너진다면 인간은 자연에 그대로 노출될 것이다. 아렌트는 이런 '염려'의 예증 중 하나로 '메이플라워 계약'을 들었다. 종교적 박해를 피해 신대륙으로 이주했던 유럽의 청교도들은 인공의 세계를 벗어나 자연으로 향한다는 절박한 공포에 휩싸였다. 이들은 이 공포를 이기기 위해 '계약'을 만들어낸다. 이 '계약'은 법일 뿐이다. 아렌트에 따르면 자연은 인간의 법을 무용하게 만드는 야생의 힘이다. 인간 세계의 지속성과 안정성은 이런 야생의 힘으로부터 인간 자신을 보호하기 위해 필수적인 것이라는 믿음이 당시 유럽인에게 있었던 것이다.

이런 아렌트의 주장은 세계의 구성을 '유럽적 시선'에서 바라본다는 점에서 자명한 한계를 드러낸다. 유럽인들이 도착한 신대륙은 그들의 시선에 비친 모습과 달리 그렇게 자연적 장소가 아니었다. 역설적으로 유럽인들이 만난 '다른 인간들'의 환대 덕분에 유럽의 세계는 안전하게 신대륙으로 이전할 수 있었다. 이런 문제는 사실 공적 영역과 사적 영역을 구분하는 그의 방식에서도 드러난다. 공적 영역이 표현의 자유 같은 대외적 활동과 관련해 타자의 현전을 요구하는 것이라면,

사적 영역은 개인의 삶을 유지하기 위한 보이지 않는 활동이다. 사적 영역은 개인의 생존을 위해, 공적 영역은 타자와 공존하기 위해 필요한 것으로 두 영역은 종종 적대적 이해관계로 대립한다.

사적 영역에서 공적 영역으로 진입하기 위해 개인은 자기 이익을 희생해야 하고, 반대의 경우도 마찬가지로 타자의 이익이 사적 영역에 간섭하거나 침해할 수 없다. 이런 아렌트의 공사 구분법은 그렇게 낯설지 않다. 오늘날 우리가 습관적으로 전제하는 두 영역에 대한 정의를 아렌트에게서 발견할 수 있는 것이다. 물론 여기에서 요지는 아렌트가 두 영역의 구분을 명확하게 해서 과거의 전통을 되살려야 한다고 주장하지 않는다는 점이다. 아렌트는 이 구분이 사라진 시대로서 근대를 규정한다. 아렌트의 관점에서 근대는 한마디로 "세계의 퇴거와 인간이 정주할 거처의 상실"을 의미한다. 세계 소외 world alienation라고 정의할 수 있는 이 근대의 특징이야말로 '세계 없음'인 것이다.

이런 아렌트의 개념은 바우만의 "액체 근대"와 일맥상통한다. 근대의 특징을 '흐르는 것'으로 진단한 바우만의 개념 역시 근대를 전통 부재와 구체적 경험의 상실로서 바라보는 관점에 근거한다. 근대에 이르면 이전에 장소를 점유했던 모든 것은 이동하고 끊임없이 변화한다. 그러나 아렌트의 '세계 없음'이라는 개념은 바우만보다 더 적극적으로 소외의 문제를 다룬다는 점에서 다소 다른 온도를 느끼게 한다. 결국 이 개념이 말하고자 하는 것은 삶은 있되 삶의 의미는 없는 상태를 지칭한다. 아렌트에게 근대는 이런 공허한 공간의 전개에 불과하다.

이런 논리에 따르면 아우슈비츠를 만들어낸 오토 아돌프 아이히만은 이 '세계 없음'에서 자라난 '사유할 수 없는 인간'의 증거였다고 할 수 있다. 따라서 아렌트가 아이히만을 두고 말한 "악의 평범성the banality of evil"은 근대성이라는 사태의 문제를 지적한 것에 가깝다. 사유는 외양으로서 나타나는 세계에 대한 숙고를 전제한다. 그러나 이런 사유를 더는 할 수 없는 상태, 다시 말해 '세계 소외'라는 조건은 세계에 대한 이해를 불가능하게 만들어버린다. 자신이 무엇을 하고 있는지 알지 못하는 상태 자체가 바로 '사소하게 보이는 일상적 악'의 뿌리인 셈이다.

이런 주장은 자칫 아이히만의 사유 불능이 개인의 책임이나 능력 문제였다기보다 근대 자체에 내장된 '세계 소외'의 문제였다는 식으로 결론지을 수 있다. 잘못 생각하면 '세계 없음'은 아이히만의 범죄에 대한 면죄부가 될 수도 있는 것이다. 그러나 아렌트의 문제의식은 아이히만이라는 개인의 사유 불능에 맞춰진 것이 아니라 사유 불능이 어떻게 정치적 재난으로 귀결할 수 있는지를 지적한다는 점에서 이런 해석은 '세계 없음'이라는 개념을 너무 단순화해 이해하는 것이라고 할 수 있다. 사유가 곧 정치의 문제라는 사실을 주장하기 위해 도입한 것이 '세계 없음'이라는 개념인 셈이다.

근대의 전일성으로 '세계 없음'을 파악한 아렌트의 논의는 많은 한계를 드러낸다. 특히 아렌트는 '세계 없음'에 대응하는 '사유 없음thoughtlessness'을 나치즘과 같은 전체주의의 기원으로 파악한다. 그러나 이런 주장에 따르면 나치즘은 사유할 수 없는 이들이 만들어낸 광기에 지나지 않는다는 규범적 판단에 이를 수밖에 없다. 그러나 과연 그런가. 아렌트의 스승이자 연인이기도 했던 하이데거의 친나치 전력은 이런 사실을 부정하는 것처럼 보인다. 하이데거는 『검은 노트』에서 자신의 친나치 전력이 강압적 조건에서 이뤄진 어쩔 수 없는 선택이었던 것이 아니라 오히려 자발적이고 적극적인 사유의 결과물이라는 사실을 증명했다. 하이데거의 나치즘은 '세계 없음'의 결과물이라기보다 오히려 그에 대항하기 위한 철저한 사유의 산물이었다는 사실을 『검은 노트』는 보여준다. 하이데거에게 '세계 없음'은 보편주의를 지향하는 "유대적 근대성Jewish modernity"의 산물이고 '기계화machination'로 인해 출현한 디스토피아다.

전쟁이라는 '살인 기계killing-machinery'로 인해 독일은 거대한 수용소로 변해버렸다는 것이 하이데거의 판단이었다.[27] 근대의 '기계화'는 '자기 절멸'로 나아갈 수밖에 없다는 것이 하이데거의 주장이다. 얼핏 보면 그의 입장은 나치즘에 대한 실망과 전쟁에 대한 비판을 담는 것처럼 보이지만, 사실 아우슈비츠를 통한 유대인 학살은 '자기 절멸'이라는 개념으로 설명할 수 없다는 점에서 논리적 모순에 봉착한다. 유대인은 스스로

'자기 절멸'로 나아간 것이 아니라 나치에 의해 강제적으로 절멸을 강요받은 것이 아니었던가. 우리는 아렌트의 '세계 없음'이라는 개념에서 비슷한 자가당착을 발견할 수밖에 없다. 게다가 역설적으로 하이데거가 '유대인적인 것'이라는 구체적 행위자를 지목한 것과 달리 아렌트의 근대성은 훨씬 더 모호한 근거에 기초한다는 문제점이 있다.

장 뤽 낭시는 '세계 없음'에 대한 아렌트의 문제의식을 다른 방식에서 접근한다. 아렌트처럼 낭시 역시 지금의 시기를 '비세계immonde ; un-world'라고 간주한다. 이 '비세계'는 아렌트의 '세계 없음'처럼 정주할 수 없는 상태를 지칭한다. 다만 낭시는 이 '비세계'의 원인으로 지구화globalization를 지목한다는 점에서 다르다. 이 차이는 대단히 중대하다. 왜냐하면 낭시의 경우는 이런 인식을 바탕으로 본래적 '세계-구성world-forming'이라는 정치적 기획을 제안했기 때문이다. 낭시는 이 '세계-구성'을 '세계의 창조'라고 명명한다.

낭시는 지구화와 세계화mondialisation를 구분함으로써 아렌트의 '세계 없음' 개념을 세분화한다. 지구화는 등가성에 기초한 경제와 기술의 전일화를 통해 '비세계'를 초래하는 반면, 세계화는 이런 지구화에 대항해 세계를 창조하려는 직접적이고 즉각적인 투쟁의 확산을 의미한다. 지구화가 추상적이라면, 세계화는 구체적이다. 지구화가 거대한 하나의 단일 총체성을 구성하는 것에 가깝다면 세계화는 구체적 인간관계의 공간 확장을 의미한다. 이런 추상성과 구체성의 간극에서 낭시는 '세계-구성'의 가능성을 보는 것이다. 그러나 이런 기술에서 간과할 수 없는 것은 '창조'라는 낭시의 개념이다. 낭시는 '세계의 창조'라고 언급함으로써 아렌트의 '세계 없음'을 극복할 하나의 기획을 제시한다는 점을 주목해야 한다.

'창조'라는 개념은 사실 종교적인 것이다. 이런 맥락에서 마르크스를 비롯한 초기 유물론자들은 무nothing에서 발생한다ex nihilo는 '창조' 개념을 비판했다. 마르크스는 『독일 이데올로기』에서 막스 스터너의 "창조적 무creative nothing"라는 개념을 비판하면서 궁극적으로 무에서 유를 만들어낼 수 있다는 생각이 자본주의의 이데올로기와 공모 관계에 있다고 비판했다.[28] 그러나 낭시는 '세계 없음'이라는 무의 조건에서 세계라는 유의 창조를 말한 셈이다. 이때 세계를 창조한다는 의미는 무엇일까. 여기에 대한 실마리도 마르크스에게서 읽을 수 있다.

종교적 창조 개념을 비판한 마르크스는 『경제학-철학 수고 1844』에서 아리스토텔레스의 창조설을 비판하면서 "인간이 인간을 창조했다.humans-create-humans"는 주장을 펼친다. 아리스토텔레스가 정리한 세계의 창조에 대한 두 가지 입장은 하나의 사물에서 다른 사물이 나오는 영원성ad infinitum으로부터 세계가 나왔다는 견해와 신이 세계를 창조했다는 견해다. 아리스토텔레스는 후자를 지지했다. 마르크스는 이런 아리스토텔레스에 반대해 '자신의 발로 홀로 선 인간'이라는 표상을 제시하면서 "인간은 인간에서 나왔다."는 주장을 펼친다. 한마디로 인간 자신의 기원은 인간이고 궁극적 목적도 인간이라는

'순환론'이 마르크스의 입장인 셈이다.

인간성을 "자기 매개적 탄생self-mediated birth"[29]이라고 본 마르크스의 논의는 낭시의 창조 개념을 이해할 수 있는 길을 열어준다고 볼 수 있다. 자기 이외에 다른 기원을 상정할 수 없는 이 '탄생'의 과정이야말로 인간 존재의 소외라는 결과를 낳는다는 것이 초기 마르크스의 견해였다. 이런 마르크스의 생각은 일견 『독일 이데올로기』에서 주장했던 내용에 반하는 것처럼 보인다. 마르크스는 이 모순을 소외의 문제로 남겨뒀지만, 이렇게 간단하게 덮어버릴 수 없는 근원적 의문이 풀리지 않는다. 아리스토텔레스가 간결하게 신이라고 불렀던 창조의 시작, 다시 말해 창조의 행위자는 창조의 과정에 속하는 것인가 아닌가. 마르크스는 '순환론'을 통해 이 문제를 풀려고 시도했지만, 결국 이 말은 행위자와 물질이 서로 결합됐다는 추론을 낳을 수밖에 없다. 아리스토텔레스의 '신'을 제거한 상태에서 창조의 문제에 답해야 하는 문제가 남는 것이다.

낭시의 '세계 창조'는 이런 철학-신학적 논의에 바탕을 둔다. 지젝은 신 창조설을 두고 "충분히 무에서 유가 만들어지는 것을 설명하지 못한다."고 일갈했다.[30] 왜냐하면 신 창조설은 언제나 "이미 거기에 신이 있다."는 사실을 전제하기 때문이다. 신이 무엇이든 어쨌든 이미 무엇인가 '존재하는 것'이기 때문에 엄밀히 말해 신 창조설은 무에서 유가 나온 것이라는 사실에 대한 정확한 설명이라고 말할 수 없다. 같은 맥락에서 낭시는 "창조 행위와 관련된 유일한 존재인 신은 그 행위

위에 존재하거나 분리되지 않는 한 창조를 선행할 수 없다." 고 말했다.[31] 신을 창조 자체로부터 분리할 수 없다면 신은 세계의 일부이고 세계와 다른 그 무엇으로부터 창조가 이뤄졌다고 말할 수 없다. 따라서 무에서 세계가 만들어졌다는 것은 무라는 것 자체가 곧 세계와 존재의 본성이라는 뜻이다.

낭시는 이 지점에서 신학적 명제를 뒤집어 유물론적 명제를 정립한다. 무에서 유가 창조될 수 있다는 신학적 믿음은 이런 전복을 통해 내재성의 문제로 판명이 난다. 낭시는 이를 통해 '세계 없음'의 상태에 맞서 세계를 창조할 수 있음을 철학적으로 증명하려는 것이다. 세계와 존재의 본성이 무라고 한다면 무는 아무것도 없는 것이 아니라 무로서 존재한다고 할 수 있다. 창조는 무라는 본성을 통해 내재적으로 이뤄진다. 이런 의미에서 무는 사물들의 출현 전에 존재하는 것이 아니라 그 사물들 사이에 또는 그 사물들 중에 존재하는 것이다. 아렌트가 말했던 '자유로운 행위'는 그러므로 모든 원인의 연쇄에서 벗어난 행위로서 무의 창조에게 열린 끝없는 심연abyss에 대한 다른 이름일 뿐이다. 그러나 이 심연은 무 자체일 수 없다. 무는 심연 앞에 이미 있다. 그 무를 향해 열린 심연이야말로 바로 주체일 것이다.

낭시는 '세계 없음'의 문제를 지구화라는 자본의 운동으로 파악했다는 점에서 동시적으로 일어나는 세계화의 문제를 짚어냈다고 할 수 있다. 세계의 창조는 이런 무의 상태에서 세계를 존재하게 만드는 것이다. 그렇다면 이 창조에서 결정적인 것은 무엇일까. 이 지점에서 우리는 낭시의 논의를 더 밀고 나아가야 한다. 낭시가 '세계의 다원성'을 정치적인 것으로 개념화할 때 바디우는 진리의 주체를 말한다. 바디우 역시 '세계 없음'에 대한 진단을 『세계의 논리』에서 수행했다. 이 논의에 따르면 오늘날은 "진리(들)를 제외한 언어와 몸만으로 구성된 공리"를 신봉하는 시대다. 이런 공리를 바디우는 '민주적 유물론'이라고 부른다. 한때 유행한 '포스트모더니즘'이라는 용어는 이런 '민주적 유물론'을 지칭하는 이름이기도 했다는 것이다.[32]

낭시와 바디우가 전제하는 '세계 없음'은 아렌트의 정의와 달리 단순한 장소의 이동이나 사유의 실종을 의미하지 않는다. 낭시에게 '세계 없음'은 다원성의 상실을, 바디우에게 이 문제는 진리(들)의 배제를 뜻한다. 낭시는 세계를 창조하기 위해 "세계의 세계-되기the becoming-world of the world"를 제안했다면, 바디우는 세계를 존재하게 만들기 위해 진리(들)의 주체를 요청했다. 이 지점에서 둘은 확실히 대립적이다. 다만 바디우는 어떻게 세계를 존재하게 할 것인지에 대한 대답을 제시하려는 점에서 앞서 논의한 아렌트나 낭시에 비해 훨씬 실천적 지침을 준다.

바디우는 '사건의 자리le site evenementiel'를 정치적 공간으로 설정하고 진리(들)의 장소로 간주한다. 이때 바디우가 염두에 두는 '자리' 또는 '장소'라는 것은 비-정상적 단독 항목의 다수 집합을 의미한다. 여기에서 '비-정상'이라는 것은 공리에 대한 믿음을 거스르는 것을 뜻하고, '단독 항목'이라는 것은 어떤 것으로도 셈해지지 않는 집합의 원소다. 예를 들어 지난 촛불의 경험을 떠올려보자. 촛불의 개개인들은 촛불이라는 현상으로 나타날 뿐이지 그 개개인들을 모두 나타낼 수 없다. 항상 촛불은 어떤 집합의 모습으로 재현되지만, 개개인들은 거기에 셈해지지 않는다. 이렇게 셈해지지 않는 것들이야말로 실제로 촛불의 '자리'를 만들어낸 것이라고 할 수 있다.

바디우에게 '세계 없음'은 '사건의 자리'를 잃어버린 상태를 뜻한다. 그러므로 '세계 없음'은 항구적인 것도 아니고, 역사의 종언을 뜻하는 것도 아니다. 언제나 사건이 공백의 방황을 통해 다시 돌아오듯 세계도 항상 다시 만들어진다. 이 역사의 순환은 자연적 법칙과 같은 것이기에 이런 변화 자체가 세계를 만들어내는 것이 아니다. 세계는 자연적으로 만들어지지 않는다. 세계를 만들어내기 위해 필요한 것은 사건 자체라기보다 그 사건을 통해 만들어진 진리(들)에 충실한 주체다. 사건의 진리(들)에 충실하다는 것은 알려지지 않은 사건을 끊임없이 판단하고 사유하는 것을 뜻한다. 사건 자체는 결정 불가능성이라는 특징을 가진다. 포스트모던 정치는 이런 결정 불가능성을 정치적인 것으로 손쉽게 환원하지만, 바디우는 이에 대해 비판적이다.

'세계 없음'의 상태는 사건의 결정 불가능성, 다시 말해 다원성의 분출로 해결되지 않는다. 그 결정 불가능성을 결정해줄 주체의 '개입'이 필요하다. 물론 이 '개입'이 사건의 반복을 의미하는 것은 아니다. 사건은 반복되지 않고 주체를 통해 '결정'될 뿐이다. 이 '결정'은 일정 부분 '명명'을 통해 가시화한다. 이름 없는 사건에 이름을 부여하는 행위가 바로 '명명'이다. 가령 '문재인 정부'를 낳았다는 촛불은 종종 명명된 것으로 오인되지만, 이 촛불 현상을 가능하게 만든 진리(들)는 여전히 이름을 얻지 못하고 있다. 오직 촛불에 대한 명명은 촛불-주체들, 바디우식으로 말하자면 "무명용사들"의 몫이다. 이 말을 다시 받아 생각한다면 '세계 없음'은 곧 사건의 이름을 부르지 못한 상태라는 것을 알 수 있다. 상황의 법칙성을 가늠하는 지식을 궁지로 몰아넣는 사건의 진리(들), 식별 불가능한 다수를 드러내는 것이야말로 새로운 세계를 만들어내기 위한 사유의 방식일 것이다. 여기에서 아렌트를 다시 호명하자면 우리가 '세계 없음'의 '사유 없음'을 '세계 창조의 사유'로 돌려놓기 위해 해야 할 작업은 법칙에 대한 지식으로 이해할 수 없는 사건의 진리(들)를 찾아내는 일인 셈이다.

비트코인이라는 절망적 희망

'세계 없음'의 '사유 없음'을 보여주는 대표 사례가 한때 한국을 휩쓴 비트코인 열풍일 것이다. 가히 광풍이라고 불릴 만한 '쏠림 현상'을 비트코인 열풍에서 확인할 수 있었다. 이 '쏠림 현상'도 '사유 없음'의 징후 같은 것이라고 말할 수 있겠다. 빌 모러^{Bill Maurer}가 2015년에 『어떻게 결제하시겠습니까?^{How Would You Like to Pay?}』라는 책을 쓸 때만 해도 비트코인은 기술 발전이 가져올 화폐의 미래 중 하나로 취급됐을 뿐이다. 그러나 암호 화폐라는 다소 생소한 표현에 익숙해지기도 전에 비트코인은 갑자기 '투기'의 대상으로 비난받게 됐다. 당시 유시민 같은 이들이 앞장서 비트코인 신드롬을 '광풍'으로 진단하면서 투기를 조장하는 '작전 세력들'을 비난했다. 이런 비난은 비트코인에 대한 다소 과도한 우려를 반영한 것이지만, 굳이 문제 삼을 필요는 없을 것이다. 이들의 걱정도 충분히 그럴 만하다고 생각하기 때문이다. 찬반으로 나눠 비트코인이 무엇인지 열띤 토론이 있었지만, 정작 이 열기에서 빠진 중요한 문제가 드러나지 않은 것 같아 몇 마디 보탤까 한다.

비트코인이 무엇이든 중요한 것은 이른바 2030 세대로 불리는 '요즘 세대'가 현실에 대한 일종의 '구원책'으로 신드롬에 동참했다는 사실이다. 도덕적 질타를 서슴지 않는 '꼰대들'은 많아도 이 신드롬의 정체에 주목하는 진지한 비평가들이 없다는 점은 기이한 일이다. 비트코인 신드롬이 무엇인지 보여주는 실례는 "5천만 원 있어도 흙수저고, 없어도 흙수저다."라는 한 시사 프로그램 인터뷰이의 발언이다. 이 사실이 말해주는 것은 비트코인 자체의 정체라기보다 한국 사회의 진실에 가깝다. 말하자면 이 신드롬의 배후에 도사리는 것이 다름 아닌 '흙수저론'이라는 사실을 이 발언이 은연중에 드러내는 것이다. 많은 사람이 생각하는 것과 달리 '흙수저론'은 과거의 계급론을 발랄하게 이르는 말이 아니다. 이 말의 용법은 오히려 마르크스보다 맬서스에 가깝다. 맬서스는 기본적으로 인간을 인구로 보고 통계 지표로 환원할 수 있는 '사물'로 생각했다. 그런데 이 '사물'은 욕망이라는 원자로를 내재한 통제하기 어려운 '괴물'이기도 하다. 그래서 맬서스는 일찍이 '건전한 결혼'을 장려해 방탕한 성욕의 발산을 막아야 한다고 했다. 인민이라는 정치적 존재의 탈정치화 또는 중성화가 통치를 위해 필수적이라는 논리다. 그렇지 않으면 인구가 기하급수적으로 폭발해 인류는 파멸하고 말 것이라는 상상이 맬서스의 『인구론』에 담겨 있다.

 물론 오늘날 이런 맬서스의 가설은 어처구니없게 들리겠지만, 그의 이데올로기 자체가 폐기된 것은 아니다. 얼마 전 정부에서 만든 '가임 여성 지도'가 생생하게 증언했듯 죽은 맬서스는 먼 동방의 국가에 생생하게 살아 있다. '가임 여성 지도'는 말 그대로 임신과 출산을 '자연적인 것'으로 이해하고 '만남'의 기회를 더 많이 조장하면 인구가 늘어날 수 있다고 전제한다. 맬서스가 건전한 결혼으로 성욕이라는 '자연의 본능'을 통제할 수 있다고 믿었던 것처럼 '가임 여성 지도'를 작성한 이들도 맬서스와는 반대로 인구를 늘리고자 하는 의도이긴 했지만, 같은 전제를 깔고 있다고 말할 수 있다. '흙수저론' 역시 계급 자체를 '자연적인 것'으로 파악한다는 점에서 맬서스적인 것이다. 노동 계급이 사회적 개념이라면, 흙수저는 태어난 신분을 가리키는 용어라고 볼 수 있다. 신분을 '자연적인 것'으로 파악한 것은 근대 이전의 사회였고, 맬서스는 이런 가치관을 여전히 견지한 당시 지주 계급의 이익에 입각해 『인구론』을 집필했다.

이런 맬서스의 생각은 허버트 스펜서의 사회진화론과 맥락을 같이 하게 돼서 "대안은 없다.there is no alternative"라는 유명한 스펜서주의의 구절과 공명한다. 이 말은 이상적 이야기만 늘어놓을 것이 아니라 지금 여기의 사회를 정확하게 이해하고 개조하기 위한 '과학'을 도입해야 한다는 주장이다. 사회를 형이상학의 대상이 아니라 과학의 대상으로 봤다는 점에서 스펜서 역시 인간을 '사물'이라고 생각했다는 것을 확인할 수 있다. "5천만 원 있어도 흙수저고, 없어도 흙수저다."라는 말이 이른바 '요즘 세대'에서 유행할 수 있었던 이유는 이 발언이 일정 부분 사실을 반영하기 때문이다. 과학은 사실을 보여주는 방법이다. 그 자체가 잘못된 것은 아니다. 다만 '흙수저론'이 민감하게 반응하는 불평등은 사실의 문제라기보다 정치의 문제다. 정치의 문제는 과학적 사실이 밝혀진다고 해서 해결할 수 있는 것이 아니다. 스펜서는 사회진화론이라는 '과학'으로 당시 귀족과 부르주아의 나태를 비판하고자 했지만, 이런 사회진화론의 이데올로기가 식민지 침탈을 정당화한다는 사실을 알지 못했다. '흙수저론'도 마찬가지다. 지금 가난하게 태어나는 아이들이 없는 것은 아니기에 이들을 '흙수저'라고 자조적으로 부를 수 있겠지만, 그 아이들로부터 일찌감치 평등권을 박탈해버리는 사회 구조는 '자연적인 것'이 아니다. 이런 사회 구조를 바꾸기 위해 필요한 것이 바로 정치다.

이런 관점에서 비트코인 신드롬을 일러 정치적 좌절을 겪는 2030 세대의 탈출구라는 식으로 진단하는 것도 완전히 틀린 입장은 아닐 것이다. 그렇다면 우리는 다시 이 지점에서 자문해야 한다. 왜 비트코인인가. 지금까지 보도된 내용을 종합해 판단하자면 한마디로 회전율이 빠르기 때문이다. 우스갯소리로 도박의 끝판왕은 '섰다판'이라는 말이 있듯 비트코인은 등락을 실시간으로 파악할 수 있을 뿐 아니라 그 상승폭과 하락폭의 낙차가 어마어마하다. 훈련된 '투자가들'이 보기에 투자하지 말아야 하는 불리한 요소를 비트코인은 가장 극명하게 내포한다. 말하자면 투자하기에 비트코인의 등락은 너무도 예측 불가하다. 위험 부담이 큰 투자는 그만큼 수익률이 높지만, 결과를 보장하기 어렵기에 함부로 하지 말아야 한다.

이런 이유로 워런 버핏 같은 '투자 귀재'도 비트코인에 투자할 생각이 없다고 말한 것이리라.

그런데 이렇게 위험한 롤러코스터를 '젊은 세대'는 올라탔다. 과연 이들은 철부지였을까. 유시민 같은 이들의 말에 따르면 그럴지도 모른다. 그러나 나는 오히려 이런 위험성이 이들을 기꺼이 비트코인에 뛰어들게 만들었다고 본다. 비트코인 거래를 정부가 규제한다고 했을 때 그 보도 기사 아래 달린 댓글 중에서 "이제 남은 것은 로또뿐인가?"라는 말이 있었다. 로또가 일주일을 기다려 결과를 알 수 있는 것이라면, 비트코인은 바로바로 결과를 알 수 있다. '요즘 세대'가 생각하기에 시중에 파는 즉석 복권과 비교할 수 없이 수익률이 높고 확실하다. 비트코인에 뛰어드는 이들은 아마도 이렇게 생각할 것이다. 이들에게 투자와 투기를 구분하는 것은 무의미하다. 왜냐하면 이미 이들에게 인생은 도박판이기 때문이다. 이런 '요즘 세대'의 생각이 과연 도덕성을 상실한 철없는 젊은이들의 만용일까. 그런데 가만히 생각해보면 자본주의야말로 인생을 도박판으로 여기게 만드는 경제 시스템이지 않은가.

러시아 작가 안톤 체호프가 쓴 중편 소설 『골짜기에서』는 어떻게 자본주의가 기존의 공동체를 무너트리고 인생을 도박판으로 만들어버리는지 생생하게 묘사한다. 이런 증언들을 한국의 근대 소설에서 발견하기란 어렵지 않다. 김동인의 『감자』는 어떤가. 도박판은 한국의 근대 소설에 등장하는 단골 소재다. 인생이 도박판이라는 인식은 일종의 '팔자론'을 바탕으로 한다. 지금 유행하는 '흙수저론'이 바로 현대판 '팔자론'이라고 할 수 있다. 도박으로 팔자를 고치고 싶었던 근대 한국인처럼 오늘날 우리도 비트코인으로 '흙수저'라는 처지를 탈출하고 싶은 것이다. '팔자를 고칠 수 있다.' 또는 '흙수저를 금수저로 바꿀 수 있다.'라는 말은 얼핏 들으면 노력으로 인생이 바뀐다는 말처럼 들리지만, 사실은 그 반대라고 할 수 있다. 사촌이 땅을 사면 배가 아픈 이유는 그 땅을 살 수 있는 자금이 일확천금이든 한 푼 두 푼 모은 저축이든 자신의 것이 될 수도 있기 때문이다. 후자라면 평소의 낭비벽을 반성하겠지만, 전자라면 내 '운빨' 없음을 한탄할 수밖에 없다. 만일 그 돈이 일확천금이라고 생각한다면 배는 더 아플 것이다. 왜냐하면 행운의 여신이 자신에게 손짓하지 않고 사촌에게 손짓했다고 생각할 것이기 때문이다.

  지금 한국은 한 푼 두 푼 모은 저축으로 땅을 살 수 없는 곳이다. 그러니 꿈꿀 수 있는 것은 오직 행운의 여신밖에 없지 않을까. '흙수저론'의 핵심은 노력으로 자신의 처지를 바꿀 수 없다는 냉소주의다. 냉소주의는 단순히 염세주의가 아니다. 냉소주의는 이 현실과 다른 절대적 실재, 다시 말해 '자연적인 것'이 있다는 사실을 진실로 믿는 태도다. 예를 들어 지금 한국의 자본주의는 '기형적'이라는 비판은 이 지구상 어딘가에 '온전한 자본주의'가 있다는 사실을 믿기에 가능하다. 무신론도 마찬가지다. 무신론은 '신이 없다.'는 것을 주장하는 것 같지만, 사실 '당신들이 믿는 신은 가짜다.'는 사실을 말하고 있다. 당신들이 믿는 신과 다른 무엇이 있다는 믿음을 전제하는 것이다. 그것이 무엇이든 무신론자야말로 진정으로 무엇인가를 믿는 셈이다. '흙수저론'의 냉소주의가 바로 그렇다. '요즘 세대'가 철이 없어서 세상을 조롱하는 것이 아니라 세상의 정의를 너무도 믿기 때문에 정의롭지 못한 현실을 개탄하는 것이다. 따라서 '흙수저론'은 현실을 혁파하기 위한 '이론'이라기보다 그 현실 자체를 드러내는 증상이라고 할 수 있다.

비트코인 신드롬도 이런 의미에서 증상이다. 과거 세대가 현실의 어려움을 감내하면 찬란한 미래가 올 것이라고 믿었다면, '요즘 세대'는 현실을 참고 노력하더라도 장밋빛 미래는 없다는 것을 너무도 잘 알기에 비트코인에 매달리는 것이다. '투기는 나쁘다.'는 '어른들'의 훈계에 '아파트도 투기의 대상이다.'고 맞받아치는 것이 이들의 반응이다. 기성세대는 온갖 투기로 먹고 살 만해졌으면서 2030 세대가 비트코인에 열을 올리면 '투기는 나쁘다.'고 정색하는 것은 확실히 앞뒤 맞지 않은 일이다. 기성세대는 수십 번 이사를 하면서 얻은 노력의 결과를 강조하지만, 비트코인 등락 지수를 밤낮 가리지 않고 지켜보는 것을 노력이 아니라고 할 수는 없다. 따라서 이런 행동을 도덕적으로 비난하기보다 그 원인을 찾아 몰입의 대상을 바꿔주는 것이 중요하다. 이를 위해 필요한 것이 비트코인 신드롬을 만들어낸 그 욕망의 구조를 먼저 파악해야 하는 것이 아닐까. 무엇이 이런 판타지를 가능하게 한 것인지 생각해봐야 하지 않을까.

앞서 말했듯 비트코인 신드롬은 냉소주의에 기반을 둔다. 이 냉소주의는 지금 경험하는 현실을 모두 무로 환원하는 심리적 기제에 기초한다. "5천만 원이 있어도 흙수저고, 없어도 흙수저다."는 말이 단적으로 이를 보여준다. 기성세대 입장에서 보면 5천만 원으로 할 일이 많다고 생각할 수 있다. 그래서 훈계를 할 수 있는 것일 테다. 그러나 '요즘 세대' 입장에서 5천만 원은 있으나 마나 한 돈이다. 5천만 원으로 '흙수저'를 탈출할 수 없기 때문이다. 그럭저럭 생명을 유지할 수는 있지만, 타고 태어난 신분을 5천만 원으로 극복하지 못한다는 생각이 깔린 것이다. 여기에서 주목해야 할 문제가 드러난다. 바로 비트코인 신드롬은 신분 차별을 벗어나기 위한 열망의 표현이라는 진실이다. 단순히 돈을 벌기 위한 것이 아니라 사회적 계층 상승을 위한 수단으로 비트코인을 인식했다고 할 수 있다. 비트코인과 신분 상승이라는 불가능한 기호들이 서로 '교환'되면서 비트코인 신드롬이 출현한 것이다.

결론적으로 말하자면 비트코인 신드롬은 도덕적 타락으로 인해 발생한 것이 아니라 사회적 불평등, 그것도 전근대적인 것으로 비쳐지는 신분 차별 때문에 나타난 것이라고 할 수 있다. '요즘 세대'를 비난하기에 앞서 이 문제를 해결할 묘책을 먼저 제시하는 것이 생산적일 것이다. 신분 차별이라고 하면 어떤 이들은 아마도 금방 '한국 사회의 봉건성'이라는 레퍼토리를 읊어댈지도 모르겠다. 그러나 이 전근대적 신분 차별이 다른 무엇도 아닌 자본주의 때문에 발생했다는 사실을 부정할 수는 없는 노릇이다. 한국의 자본주의가 기형적으로 보이는 까닭은 한국이 덜 자본주의적이라서 그런 것이라기보다 너무도 순수하게 자본주의 본연의 모습이라서 그렇다고 봐야 한다. 자본주의는 기본적으로 인간의 노동력을 갈아 넣어야 유지할 수 있다. 치킨 가게를 운영하는 자영업자를 생각해 보자. 임대료와 재료비, 그리고 설비비는 본인이 결정하는 것이 아니다. 비록 '사장님'이라고 불리더라도 자영업자가 결정할 수 있는 것은 오직 임금밖에 없다. 직원을 쓰든 아니면 자신의 노동 시간을 늘려 벌충해야 한다. 이것은 한국 자본주의가 이상해 그런 것이 아니다. 마르크스도 지적했듯 잉여 노동에 대한 착취야말로 자본주의 본연의 모습이기에 그렇다. 그럼에도 이런 구조적 문제는 개인이 해결할 수 없기 때문에 자영업자는 자본주의 모순을 해결하기 위해 투쟁하기보다 아르바이트 직원의 월급을 깎으려고 분투한다.

비트코인 신드롬도 마찬가지다. 신분 차별을 철폐하기 위한 연대를 하기보다 어떻게든 수익을 내서 '흙수저'를 탈출해야 한다. 자본주의 같은 것은 내 문제가 아니다. 왜냐하면 그 이외에 다른 대안은 없다고 생각하기 때문이다. 자본주의가 절대적이고 어차피 우리가 모두 죽을 수밖에 없는 운명이라면 오직 매달릴 것은 일확천금일 수밖에 없다. 비트코인이 블록체인 기술을 개발하기 위한 '가상 화폐'든 뭐든 상관없다. 순식간에 수익을 내서 이 처지를 벗어날 수 있다면 모든 현금을 쓸어 넣고 하루 24시간을 매분 매초 투자해서라도 도박을 해야 하는 것이다. 신분 차별을 극복할 수 있는 유일한 희망이 비트코인이라는 사실이 중요하다. 이 문제를 해결하려면 비트코인이 아닌 다른 희망을 주면 될 것이다. 과연 그 다른 희망은 무엇일까.

이미 기성세대는 모든 카드를 써버린 것 같다. 열심히 노력하면 값진 대가가 주어질 것이라는 약속은 이제 실효성을 발휘하지 못한다. 부의 유무가 신분으로 고착한 한국의 오늘은 자본주의 자체의 자기 해체를 보여주는 것이다. 비트코인 신드롬은 이런 위기를 드러내는 증상이다. 거래소 폐쇄나 세금 부과 정도 대책으로 근본적 문제를 해결할 수 없다는 사실을 깨달아야 한다. 극단적 자본주의에 대한 반성은 필수이고, 그 대안에 대한 고민들을 적극적으로 해나가야 한다. 비트코인을 화폐 문제로만 접근하는 것은 장님이 코끼리 만지는 일이라는 생각이다. 화폐로서 비트코인은 국가의 관리 대상이 되든 말든 사용을 금지하면 그만이다. 그러나 이 또한 자본주의 경제학에서 그렇다는 것이지 화폐 자체가 반드시 국가와 동일시되는 것은 아니다. 모러가 소개하는 섬에 사는 어떤 원시 부족의 화폐 이야기는 상당히 의미심장하다.

이들 부족은 거대한 돌덩이를 맷돌처럼 깎아 화폐로 사용한다. 그 이유는 함부로 훔쳐갈 수 없기 때문이라고 한다. 그렇다고 아무나 돌덩이를 깎아 맷돌을 만들 수는 없다. 일단 화폐를 만들 석재가 그 섬에 없기 때문에 다른 섬에서 가져

와야 하고, 돌을 깎는 기술도 아무나 배울 수 있는 일이 아니다. 그렇게 돌덩이를 싣고 오다가 풍랑이라도 만나 바다에 가라앉더라도 화폐로서 가치를 상실하지 않는다. 실제의 화폐는 상징적 교환을 위한 매개일 뿐이다. 현대의 화폐 역시 비슷하다. 우리가 사용하는 지폐를 생각해보자. 영어로 지폐가 노트인 까닭은 국가 은행의 증명서이기 때문이다. 한국의 만원 지폐는 한국은행이 지급을 보장하는 증명서인 셈이다. 요즘은 직접 지폐를 사용해 결제하는 경우도 드물다. 금융이 발달할수록 화폐는 점점 상징적 기능으로 바뀐다. 지폐라는 사물성은 이제 의미가 없어지는 것이다. 이렇게 화폐의 상징성이 강화될수록 분실의 위험은 줄어들겠지만, 소멸의 위험은 커진다. 천재지변이 일어나 은행의 서버가 파괴된다면 어떻게 되겠는가. 거래 기록을 복구할 수 없으면 지금 은행에 넣어놓은 화폐의 가치를 확인할 길이 사라질 것이다. 이에 대한 대안으로 개발된 것이 바로 블록체인 기술에 기반을 뒀다는 비트코인이다.

거래를 상호 기록함으로써 데이터 소멸의 위험을 극적으로 줄일 수 있다는 이런 발상은 분명 한 걸음 진보한 생각이다. 그러나 창조적 생각은 자본주의 현실이라는 장애에 부딪혀 전혀 엉뚱한 방향으로 진행됐다. 기술 개발자들의 주장대로 이 같은 결과는 비트코인 자체의 문제가 아니다. 비트코인 신드롬은 기술 발전이 사회 모순과 불가분의 관계에 있다는 사실을 다시 한 번 증명했다. 유시민의 말대로 이토록 급격하게 비트코인 신드롬이 폭발하도록 부추긴 '작전 세력'이 있을 수 있다. 그러나 진짜 문제는 그 '작전 세력'의 존재 유무가 아니라 '요즘 세대'가 비트코인을 희망으로 봤다는 그 사실 자체에 숨어 있다. 이 절망적 희망과 다른 희망이 실현될 수 있다는 확신을 주지 못하는 한 제2의, 제3의 비트코인 신드롬은 계속 출몰할 것이다.

페미니즘과 진보의 재구성

촛불 이후 정치의 공백을 메우고 있는 것은 다름 아닌 페미니즘이다. 민주주의 제도화에 모두의 관심이 쏠리던 때에 더는 참을 수 없다고 목소리를 내기 시작한 이들이 여성이라는 것은 의미심장하다. 비슷한 과정들이 1990년대 문민정부와 국민의 정부 수립 이후에 있었지만, 근본적 차원의 문제 제기로 받아들여지지 못했다. 촛불을 통해 열린 정치적 공간이 기성 정치 집단의 세력 교체로 봉합됐지만, 여전히 여성의 목소리는 소음으로 치부됐을 뿐이다. 그 와중에 터져 나온 것이 미투#MeToo였다.

미투라는 말이 처음 SNS에 등장했을 때만 해도 폭발적 운동으로 번져갈 것이라는 예상을 누구도 하지 못했다. 2018년 1월 서지현 검사의 폭로 이후 들불처럼 퍼져 나간 미투는 여러 가지 우여곡절을 겪었지만, 그럼에도 '위력에 의한 성범죄'에 대한 인식을 확산한 공로는 인정할 필요가 있을 것이다. 누구는 이렇게 한국 사회에 성범죄가 만연했다는 사실에 놀라는 모습을 보이기도 하지만, 터져야 할 문제가 지금에야 터진 것이라는 반응이 일반적이다. 그만큼 한국 사회에서 성범죄, 특히 남성이 저지르는 성 관련 범죄는 거의 먼지처럼 일상에 퍼졌다고 할 수 있다. 많은 여성은 억압적 젠더 위계로 인해 발생하는 다양한 성희롱이나 성폭력을 제대로 알리지도 못하고 속절없이 당할 수밖에 없었다. 설령 용기를 내어 문제를 알리더라도 가해자인 남성은 처벌받지 않고 오히려 피해자인 여성이 고스란히 모든 책임을 뒤집어써야 하는 불합리한 일들도 비일비재했다.

미투가 폭발력을 보이는 까닭은 이처럼 남녀라는 젠더 관계에서 발생하는 문제가 남성에게 일방적으로 유리한 권력 관계를 통해 억압됐기 때문이다. 이 지점에서 주목해야 할 문제는 바로 이 한국적 미투의 특이성이다. 미투는 미국에서 시작한 것이지만, 한국으로 들어오면서 단순하게 특정 개인의 성범죄를 폭로하는 선에 그치지 않고 사회 전반의 젠더 불평등 문제를 제기하는 방향으로 나아갔다. 여성의 억압 문제가 보편 인권의 문제와 결합했다는 점에서 한국적 미투의 폭발력은 주목할 만한 것이라고 하겠다. 여기에 덧붙여 그만큼 한국 사회에서 그동안 여성이 여성이라는 이유만으로 발언하지 못하고 인내해온 불평등의 구조가 존재했다는 것을 새삼 확인할 수 있는 것이다.

말하자면 한국적 미투에서 특징적 양상은 특유의 정치성에 있다고 할 수 있다. 이런 미투의 정치성이 아이러니하게 진보라고 자임해온 세력에게 더 큰 타격을 주는 까닭은 무엇일까. 물론 김어준처럼 진보에 대한 '공작'이라고 모종의 음모를 내세우는 이도 있다. 그러나 미투를 자기에게 유리하게 이용한다는 발상은 이 운동에 내재한 정치성의 본질을 간과한 결과일 뿐이다. 미투는 특정 진영에게 유리한 사태라기보다 기존의 정치 지형을 근본적으로 뒤흔드는 대중의 분출이라고 봐야 한다. 기존의 정상성 범주를 뒤흔드는 데모스의 정치라는 뜻이다. 그러므로 이 사태 자체에 대해 옳다거나 그르다는 식으로 도덕적 판단을 내릴 수 없다. 그렇다면 왜 유독 진보, 그것도 리버럴이나 신좌파가 한국에서 미투의 대상으로 등장했을까.

2018년 3월 8일 세계 여성의 날 기념 토론회에 토론자로 참가한 민주당 비서관 이보라는 "오히려 진보 진영에서 피해 고발이 이어지는 건 피해 사실을 밝힐 수 있는 여건이 '그나마' 있기 때문"이라고 진단했다. 틀린 말은 아니다. 이런 발언은 미투라는 데모스의 분출을 국회라는 제도 내로 안착하기 위한 관점을 보여준다는 점에서 시의적절하다. 그러나 미투 운동을 보편적 여성의 문제라는 관점에서 조망하고자 한다면 이런 발언의 한계 너머로 더 나아갈 필요가 있다. 지젝은 최근 기고한 글에서 1968년의 성 해방과 2018년의 미투 운동을 대비했다. 그는 이 지점에서 미국의 미투 운동이 보편 정치적 문제로 확장돼야 한다는 점을 강조했다. 그러나 한국의 미투 운동은 이런 지젝의 기우를 일소했다는 판단이다. 어떤 의미에서 그런가.

앞서 잠깐 언급했듯 일단 한국의 미투 운동은 단순하게 특정인의 성범죄를 폭로하고 고발하는 선에 그치지 않고 근본적 차원에 놓인 이데올로기적 문제를 건드리기 때문이다. 이 이데올로기는 1960년대 이후 한국에 '선진 문화'의 일환이라는 명목으로 수입된 성 해방 담론을 통해 형성된 것이다. 이 성 해방 담론의 기저에 놓인 것은 바로 성 해방을 사회 해방과 동일시했던 프로이트주의적 좌파 이론이다. 한국의 문인과 예술가들이 딱히 프로이트주의라는 자의식을 가졌다고 말할 수는 없지만, 이 이론을 통속적 담론으로 수용함으로써 성적 해방을 사회적 규범을 깨는 파격의 퍼포먼스로 생각했던 것은 사실이다. 미투를 통해 폭로된 몇몇 양상을 보면 이런 추측은 확실해진다. 이윤택의 경우 기성 시스템에 저항하기 위해 연극을 택했다고 한 인터뷰에서 밝혔다. 이런 운동의 기획이 성범죄라는 문제에 관대했다는 것은 무엇을 의미하는 것일까. 어떤 시인은 이런 성적 행위를 '파격의 용기'라고 표현하기도 했다. 빈민 운동가로 이름이 알려진 한 목사는 성욕을 억제하지 못해 충동적 성범죄를 저질렀다고 사과했다. 하일지는 자신의 성추행을 일컬어 "유럽이라면 자연스러운 일"이라고 변명했다. 성적 문제에 관대한 태도야말로 '선진 문화'라는 논리다. 서로 다른 경우들이지만, 이들이 주장하는 일탈의 '이유'는 크게 다르지 않다. 이른바 진보로 자신을 자리매김하는 이들이 성범죄에 대해 일정하게 공유하는 관점이 있다는 사실을 여기에서 알 수 있다.

결론적으로 나는 한국의 진보주의자들이 사회 해방과 성 해방을 동일시하는 관점을 갖기 때문에 성범죄에 대해 대수롭지 않게 생각했다고 본다. 지금 벌어지는 미투 운동은 이런 진보주의에 대한 문제 제기다. 한국은 1980년대 초기 학생 운동권 일부가 이런 경향성을 내보였고, 이에 대한 반동이 그 유명한 김영환의 「강철서신」이었다. 김영환은 이 희대의 문건에서 다른 정파의 성적 문란을 비판하고 '품성론'을 제시해 엄청난 호응을 얻었다. 그러나 앞서 지적했듯 지금 한국에서 벌어지는 미투 운동은 '품성론'과 같은 성적 문란에 대한 반동으로 치부해버릴 수 없는 측면을 가진다. 이 운동은 사회 해방과 성 해방을 동일시했던 프로이트주의적 좌파 담론에서 정작 '여성'을 비롯한 '소수 약자'가 소외됐다는 사실을 증명하기 때문이다. 이런 까닭에 진보주의에서 소외된 존재인 '여성'이 발언하기 시작하면서 미투 운동이 폭발력을 가진 것이라고 할 수 있다.

여기에서 소외됐다는 말은 대상 또는 사물로 취급됐다는 뜻이다. 일련의 증언에서 확인할 수 있듯 이른바 남성 진보주의자들의 입장 표명이나 사과 내용을 보면 자신의 성욕을 '자연적 현상'으로 취급하거나 더 나아가 사회적 해방을 도모하는 파격의 퍼포먼스로 간주하는 것이 다반사다. 남성의 성욕을 자연의 일부로 바라보는 이런 관점은 상당히 뿌리 깊은 내력을 가진다. 근대의 도래와 함께 성욕의 분출은 종종 기존의 사회 질서를 무너트리는 저항의 에너지로 받아들여졌다. 낭만주의는 바로 이런 이념을 근거로 출현한 사상이었다. 한때 일본에서 풍미했고 한국의 에로 영화에 큰 영향을 미친 로망 포르노 역시 이런 이념적 배경에서 출현한 것이다. 그러나 일본의 로망 포르노에서 확인할 수 있는 젠더의 문제의식을 한국의 에로 영화에서 찾아보기 어려운 것처럼 낭만주의와 1960년대 성 해방 담론은 한국에서 오히려 남성의 성욕을 '자연스러운 것' 또는 '정상적인 것'으로 받아들이게 함으로써 기존의 남성 지배를 더욱 공고하게 만드는 역할을 했다고 볼 수 있다. 이런 성 해방에 부정적이거나 더 나아가 해방의 문제에 내재한 여성의 소외를 지적하면 '선진 문화'를 제대로 이해하지 못하는 '촌스러운 태도'라고 비난을 일삼는 일도 일어난 것이다.

과거 나꼼수 비키니 사건이 드러낸 것도 바로 이런 문제였다. 진보주의를 표방한 매체에서 여기에 반발하는 여성의 항의에 어떻게 대처했는지 복기해보면 이들 역시 성욕에 대한 '쿨한 태도'를 진보주의의 일부로 간주하고 소외된 여성의 목소리를 진보적 가치 자체에 대한 도전으로 간주하는 경향을 보였다는 것을 알 수 있다. 1990년대 대중문화의 본격화와 맞물린 이런 흐름은 지금 한국 사회를 지배하게 된 자유주의적 경향성과 밀접한 관련을 가진다. 일정한 시차를 두고 되풀이되는 담론의 지체 현상은 불균형한 모더니티의 의미를 다시 생각하게 만든다. 이런 관점에서 보면 '여성'은 자연의 일부이거나 아니면 해방을 감당하는 자신의 노력에 대한 보상물에 지나지 않는다. 성욕에 대해 보수적 태도를 지닌 '여성'

은 성 해방을 통해 사회 해방으로 나아가야 하는 열등한 존재에 불과하다. 여성이라면 피부로 느낄 수밖에 없었을 여성 비하 또는 여성 혐오는 이런 이데올로기적 토대에서 '정상적인 것'으로 받아들여지고, 이에 대해 문제 제기를 하는 이들의 목소리는 '비정상적 존재'로서 조직의 분위기를 깨는 잡음으로 간주됐을 것이다. 1980년대가 지나고 1990년대에 이른바 1968년 이후 프랑스 철학을 비롯한 다양한 이론이 봇물처럼 수입됐지만, 정작 이런 진보주의의 근본 문제에 균열을 일으키지 못했다는 생각이 든다. 1968년 이후 이론들이야말로 성 해방과 사회 해방을 동일시하는 프로이트주의적 진보주의에 대한 비판을 내재했던 것이다. 이런 이론들은 진보주의를 화려하게 치장해준 장식물에 지나지 않았던 것인지도 모른다.

미투 운동은 이런 의미에서 페미니즘의 정치성을 한국 사회에 각인한 계기라고 볼 수 있다. 젠더라는 인식론적 토대를 통해 기존의 진보주의를 재구성할 필요성이 여기에서 제기되는 셈이다. 성 해방과 사회 해방의 문제가 동일하지 않다는 성찰은 이미 프로이트주의적 진보주의에 대한 비판에서 많이 이뤄졌다. 한국의 미투 운동은 두 해방의 문제에 가로놓인 균열을 실천적으로 드러낸 것이라고 볼 수 있다. 따라서 이 문제를 '공작의 관점'에서 바라보는 것은 또 다른 오류를 되풀이하는 일이다. 특정 '진영'을 방어하기 위해 운동에 저항하는 것은 미투 운동의 긍정성을 왜곡하고 축소할 수 있다. 미투 운동은 기존의 도덕을 허물고 새로운 윤리를 요청하는 아우성이다. 이것이 기존의 패러다임을 바꾸는 운동이라는 측면에서 이 흐름을 돌려세우기는 어려울 것이다. 한국 사회는 미투 이전과 이후로 나뉠 것이다.

미투 운동은 특정한 세력이 주도한 것이 아니라 더는 기존의 체제에서 인내할 수 없는 개개인들이 목소리를 낸 것이라는 점에서 의미를 찾을 수 있다. 이렇게 목소리를 내기 위해 필요한 것이 진정한 '용기'였을 것이다. 그 방법이 폭로의 방식을 취한 것은 분명 언론의 선정성에 편승한 것이지만, 또한 테리 이글턴이 일찍이 지적했듯 황색 저널리즘을 떠받치는 '국민의 알 권리'라는 자유주의적 가치의 역전 현상을 보여주는 것이라고 할 수 있다. 미투 운동에서 '특종 경쟁'이 긍정적 작용을 했다는 점은 아이러니하다. 그러나 시장의 상업성과 언론의 투명성이 일정하게 연관됐다는 사실을 지난 촛불에 이어 이번 미투의 경우에도 확인할 수 있다는 점에서 의미심장하다. 이런 현상은 한국 사회가 후진적이어서 발생했다기보다 오히려 자본주의적 시장주의의 극단을 실현하기 때문에 발생했다고 볼 수 있다. 미투 운동 역시 마찬가지다. 한국 사회가 글로벌 경제에 편입되면서 이뤄진 미국적 가치의 대중화가 이번 미투 운동을 가능하게 만든 배경이라고 볼 수 있다. 그러나 운동은 언제나 이데올로기의 한계를 넘어가고자 한다. 이데올로기가 누락한 진리를 끊임없이 제기함으로써 더 나아가 자유주의적 가치를 진정 자유주의적으로 실현하려고 함으로써 운동은 이데올로기를 해체한다.

미투 운동은 이런 측면에서 한국의 진보주의를 지배하는 가치들을 끝까지 밀어붙이는 효과를 초래한다. 진보주의가 이명박과 박근혜 정권의 문제를 불평등의 관점에서 제기한 것처럼 그 진보의 가치를 체득한 여성들도 진보주의에 내재한 남녀 불평등 문제를 제기하는 것이다. 이 문제 제기를 여성의 권익을 신장하고 소수 약자의 문제를 균형 있게 바라볼 수 있는 계기로 삼아야 할 필요가 있다. 그러나 사법적이고 제도적인 균형 맞추기도 필요하지만, 동시에 여성을 대상화하고 사물화해온 진보주의의 관점들을 재구성하는 것도 응당 필요하다. 이 재구성은 사법적이고 제도적인 개선의 문제와 밀접하게 관련을 맺지만, 또한 그 수준을 넘어선 급진적이고 근본적인 혁신을 요구하는 문제다. 정치적 실천의 문제를 젠더라는 근본적 관점에서 다시 만들어내는 것이 필요한 것이다. 인종과 계급, 그리고 민족이 지금까지 한국 진보주의의 논의에서 중요한 개념이었다고 한다면, 여기에 이제는 젠더가 함께 놓여야 한다는 것이 미투 운동의 의미라고 할 수 있다.

일전에 철학자 강신주는 페미니즘 이론을 일컬어 아직 덜 완성된 이론이라고 평가했다. 그러나 이런 발언 역시 철학사에 대한 편향적 인식에서 나온 것이라고 볼 수밖에 없다. 근대 철학의 시조로 불리는 르네 데카르트나 칸트의 서신들은 철학사 자체가 여성이라는 '숨은 독자'를 갖고 있었다는 사실을 밝혀준다. 하이데거와 아렌트는 어떻고, 사르트르와 시몬 드보부아르는 어떤가. 여성이 없었다면 이들이 과연 지금 우리가 아는 이런 철학자일 수 있을까. 버지니아 울프 역시 '여류작가'라는 타이틀에 갇히지 않고, 끊임없이 당대의 남성 평론가들과 젠더적 문제의식으로 대결을 펼쳤다. 근대에 이르러 여성들은 비로소 소설과 에세이라는 무기로 당당하게 자신들의 목소리를 낼 수 있었다. 이런 역사적 사실을 감안한다면 페미니즘을 여전히 미숙한 이론으로 치부한다는 것은 어딘가 앞뒤가 맞지 않다. 페미니즘이야말로 지금 우리가 아는 역사의 흐름에서 한 축을 담당해온 사상이었던 셈이다.

미투 운동 역시 진보주의에 대한 반발이라기보다 지금까지 한국에서 실현된 진보주의적 의제의 한 축을 담당했던 여성들이 더는 불평등 구조를 참지 못하고 자신의 권리를 주장하기 시작한 사건으로 봐야 한다. 따라서 이 운동이야말로 진보의 의제인 것이고, 때문에 보수에게 무관심한 문제인 것이다. 운동은 결국 인식과 관심의 외화다. 인식과 관심이 없다면, 그리고 이것들을 공유하고 공감하는 지지자들이 없다면 운동은 불가능하다. 미투 운동은 진보주의적 운동이다. 보수가 노동자의 계급 해방에 관심을 가질 리 없다. 마찬가지로 여성 해방 역시 그들에게 별 관심 없는 사안이다. 진영의 논리로 본다면 이 폭로의 양상은 불균형하게 보일지도 모른다. 그러나 이 사실은 또한 미투 운동이야말로 한국의 진보주의를 거듭 태어나게 만들 계기라는 것을 웅변해준다. 이제 바야흐로 새로운 출발의 지점에 와 있을 뿐이다. 한국의 진보주의가 미투 운동의 분출을 어떻게 내화하고 자기 혁신의 계기로 삼는지 여부에 진보의 운명이 걸려 있을 것이다.

한국의 미투 운동은 하늘에서 갑자기 떨어진 것이 아니라 지난 촛불에서 재점화된 데모스 정치의 귀환이라는 것이 내 생각이다. 이 데모스의 출현에서 여성의 목소리가 가장 강렬하고 폭발적이라는 것은 무엇을 말해주는 것일까. 이미 이 사실은 2008년부터 확인된 내용이다. 19세기 프롤레타리아가 그랬듯 21세기 한국의 여성은 자본주의의 지배 구조에 대해 항의의 목소리를 낼 수 있는 가장 다수의 피지배자인 것이다. 자본주의 교육 시장과 노동 시장이 만들어낸 '매장자'가 여성이라는 사실은 무시할 수 없는 의미를 내포한다. 거의 모든 진보적 의제가 퇴행하는 상황에서 미투 운동은 새로운 정치의 방향성을 젠더의 관점에서 제시했다. 이 운동이 모든 것은 아니지만, 그 모든 것을 대변하는 한 지극히 정치적일 수밖에 없을 것이다.

'남성 혐오'는 없다

정치적인 것은 평소 전혀 정치적인 것처럼 보이지 않는 사태에 뿌리를 두기 마련이다. 미투라는 데모스의 출현은 하나의 단절에 기원을 둔다. 2016년 5월 17일 새벽, 서울 강남역에서 발생한 여성 살인 사건이 그것이다. 이 사건은 그동안 한국 사회에 잠재했던 뇌관 하나를 터트렸다고 말할 수 있다. 이 뇌관은 엄연히 존재했지만, 존재하지 않는 것처럼 취급됐던 문제를 수면으로 띄워 올렸다. 바로 그것은 한국 사회에 만연했음에도 '없는 것'으로 무시됐던 여성 차별이다. 겉으로 보기에 이 문제는 '여성 혐오'라는 형태를 띠지만, 속내를 파고들어 가보면 더 복잡한 층위들을 감추고 있다는 판단이다.

무엇보다도 이 사건을 둘러싸고 '여혐'에 근거한 증오 범죄인지 아닌지 논쟁이 불타올랐다. 경찰 수사가 진행되면서 증오 범죄보다는 조현병의 망상에 따른 '묻지마 살인'으로 규정되긴 했지만, 여전히 논란은 가라앉지 않고 있다. 개인적으로 나는 경찰의 발표대로 이 살인 행위가 증오 범죄라는 범주에 해당하지 않는다고 하더라도 최소한 '여혐'과 조현병의 망상은 무관하지 않다고 생각한다.

정신분석학적 관점에서 보더라도 조현병의 망상이 현실적 접촉을 빠트린다손 치더라도 그 망상의 구조는 상당 부분 상징계의 간섭에 근거하기 때문이다. 하필이면 그 조현병의 망상이 왜 '여성'을 대상으로 삼은 페미사이드였는지를 질문하는 것은 사건의 진실과 무관하게 중요한 것이다. 그리고 이 문제는 '묻지마 범죄'인지 '증오 범죄'인지 여부를 가리는, 강남역 사건에 대한 진실 공방의 차원을 넘어서 진행 중이다.

나는 이번 사건의 현재성을 보여주는 대표적 증상이 일베의 행동이었다고 본다. 내가 질문하고 싶은 것은 "일베는 왜 강남역에 갔는가?"다. 어떤 이들은 일베를 '여혐 종자들'이 모인 특수 집단으로 간주하지만, 내 생각은 그렇지 않다. 오히려 일베는 보통의 한국 남성이 여성을 바라보는 관점을 조금 극단적으로 희화화해 보여주는 사례에 불과하다. 한마디로 일베는 〈개그콘서트〉의 열화 버전인 셈이다. 일베는 규범을 넘어서는 파격성을 통해 집단적 쾌락을 즐기는 '사디즘적 주체'라고 할 수 있다.

논란이 됐던 '옹달샘 파동' 역시 이런 관점에서 정신 나간 몇몇 개그맨이 일으킨 문제라기보다 정규 방송에서 규범적 제약 때문에 하지 못했던 여성 비하 발언들을 팟캐스트라는 상대적으로 자유로운 매체 특성을 이용해 마구 쏟아냄으로써 선정성을 노린 것이라고 할 수 있다. 정치적 올바름의 규범이 강화될수록 이런 선정성을 통해 얻는 해방감은 더욱 강렬해지는 법이다. 물론 한국이 미국처럼 전방위적으로 정치적 올바름이 관철되는 곳은 아니라는 점에서 이런 남성 중심적 '해방의 코미디'는 상당히 문제적이라고 할 수밖에 없다. 파시즘을 통해 근대화를 달성한 한국에서 정치적 올바름이라는 자유주의적 규범은 여전히 넘치면서도 부족한 것이기 때문이다.

다시 원래 질문으로 되돌아가자. 도대체 왜 일베는 강남역으로 갔을까. 말 그대로 강남역은 추모의 공간이었다. 그 추모의 공간에서 일베가 외친 것은 이 사건을 남녀 대결로 몰아가지 말라는 것이었고, '묻지마 살인'을 '증오 범죄'로 포장함으로써 '남혐'을 조장하지 말라는 것이었다. 이런 주장은 전혀 이치에 맞지 않는 논리에 근거하는 것이지만, 남성 중심주의적 관점에서 보자면 그럴 듯하게 들리는 것도 사실이다. 평소 당했던 수많은 여성 차별의 사례를 증언하는 여성들의 목소리는 남성 중심주의적 시각에서 보자면 모든 남성을 '잠재적 범죄자'로 취급하는 것처럼 보일 것이다. 왜냐하면 이들은 '여혐'이라는 것이 '매너 없는 일부 남성'의 문제일 뿐이고, 대다수 남성은 그렇지 않을 것이라고 굳게 믿기 때문이다. 더나아가 이들은 '몇몇 꼴페미'가 선량한 여성들을 선동해 무고한 남성들을 미워하게 만든다고 주장한다.

그러나 이런 일베의 주장은 역설적으로 '여혐'이란 것이 단순히 '여성을 혐오하는 것'이 아니라는 사실을 드러낸다. 사실 지금 통용되는 '여혐'이라는 말은 'misogyny'의 번역어인 것처럼 보인다. 그런데 이 말은 단순하게 여성을 미워하는 것을 뜻하지 않는다. 'misogyny'는 여성적인 것을 얕보고 무시하고 경멸하는 문화적 태도나 이데올로기를 지칭하는 개념이다. 이 개념에 근거해 살펴보면 인류사 자체가 '여혐'의 구조를 가진다는 사실을 깨달을 수 있다. '여혐'의 역사는 장구한 것이고, 이런 관점에서 '여혐'은 특정한 개인의 문제라기보다 인류 문명 자체에 내재한 구조적 논리임으로 판명이 난다.

그러므로 '여혐'에 대응하는 '남혐'이라는 개념은 사실 난센스다. 미국 교육자 워런 패럴^{Warren Farrell}이 만들어낸 이 개념은 가부장제의 피해자가 여성만이 아니라는 사실을 강조하기 위함이었다. 그러나 당시 여성 인권의 처지를 감안해 생각해본다면 이런 패럴의 주장은 남성 노동자가 처한 계급적 불평등을 젠더 문제와 혼동한 결과물일 뿐이었다. 남성 중심주의가 계몽주의와 근대성의 근본 원리라는 점을 감안한다면 근대 이후의 사회에서 '남혐'이라는 말은 성립할 수 없는 것이다. 따라서 '남혐'이라는 개념은 '여혐'에 대칭상인 것처럼 위장돼 여성 차별의 구조성을 은폐하고 문제를 남녀 대결 구도로 환원하는 착시 현상을 유도하기 위해 사용되는 것에 불과하다.

레이첼 보울비^{Rachel Bowlby}가 지적하는 것처럼 근대 자본주의는 여성을 소비와 여가에, 남성을 생산과 노동에 위치시키면서 이른바 '현모양처'의 신화를 만들어냈다. 이런 관점에서 보더라도 성차의 문제는 근대를 구성하는 본원적 축적에 구조적으로 각인된 것이라고 할 수 있다. 이런 본질을 회피하고 여성 차별 문제를 남녀 대결로 수렴해 이익 배당의 경쟁 구도를 강조하는 논리는 상당히 악의적인 것이라고 할 수 있다.

이번 강남역 여성 살인 사건을 통해 불거진 여성들의 발언들은 이 문제가 단순하게 남녀 대결로 설명되지 않는다는 사실을 증명한다.

여성 차별과 여성 대상 범죄의 경험을 성토하는 여성들의 발언들은 참으로 광범위했고, 다양했을 뿐 아니라 전형적이었다. 이 발언들이 전형적이었다는 것은 그만큼 한국 사회가 지금까지 젠더 문제를 해결하고자 적극적으로 노력하지 않았다는 불편한 진실을 말한다. 한국 사회에서 여성 차별의 문제는 일상적인 것이지만, 그 일상의 평범성에 깔린 '여혐'을 넘어서 여성 문제를 돌아볼 준비가 되지 않았던 것이다. 물론 한국 역시 페미니즘 운동의 역사를 갖고 있고, 페미니즘 활동가의 활약이 있었기에 이만큼이라도 젠더 감수성이 확립될 수 있었다. 부정할 수 없는 진실이다. 그러나 이번 사태에서 알 수 있듯 아직 갈 길은 멀다고 할 수밖에 없다.

강남역에 간 일베는 '특수한 남성들'이 아니다. 마치 미국의 트럼프가 그렇듯 이들은 지지를 얻기 위해 어릿광대짓을 서슴지 않았을 뿐이다. 몰락한 백인 남성 노동자의 지지가 없었다면 트럼프도 없었듯 상대적 박탈감을 느끼는 '한국 남성'이 없다면 일베도 없다. 일베는 이런 '한국 남성'을 대표한다고 자처하기에 당당히 강남역에 갈 수 있었던 것이다. 이 상대적 박탈감은 분명 '여성 때문'이 아니지만, 일베를 비롯한 '한국 남성'은 '여성 때문'이라고 믿는 것 같다. 내 생각에 이런 믿음은 일베만의 것이 아니라 한국 사회의 평범성을 구성하는 일상적 기제다.

나는 한국의 가족 구조와 생산 관계가 결과적으로 이런 '여혐'을 통해 구성됐다고 본다. 가장 핵심적 증거는 바로 임금 차등이다. 동등하게 교육을 받고 입사해 일해도 여성이라는 이유로 여성 노동자는 임금을 적게 받는다. 이 문제는 이미 일제 식민지 시대부터 불거진 것이다. 당시 공장에서 여성 노동자는 남성 노동자와 똑같이 일하면서도 임금을 비롯한 모든 영역에서 차별을 받았다. 이런 차별은 이른바 경제 개발 시대에도 예외는 아니었다. 여성 노동자는 언제나 '임시'였고, '보조'였다. 남성은 큰일을 해야 하고, 여성은 현모양처로서 남성을 뒷바라지해야 한다는 가족 이데올로기는 이런 경제 구조를 재생산하기 위한 물질적 토대였다. 여성이 열등하다고 생각하는 사고방식이 한국의 경제 발전 과정과 무관하다고 보기 어려운 것이다.

일베가 토로하는 상대적 박탈감은 여성 때문에 발생한 것이 아니라 이런 가부장제를 중심 이데올로기로 구축했던 근대적 경제 모델이 무너지고 있기 때문이다. 지난 20년간 한국은 전후 국가 어디에서도 경험하지 못한 급격한 사회 변화를 경험했다. 청년 세대는 취업은커녕 결혼도 할 수 없는 처지에 내몰리고, 성장 제일주의는 경제 구조를 지탱하는 '전통적 가족 구성'이라는 최후의 마지노선마저 무너트리는 것이다. 전체를 조망할 수 없이 파편적 사실만을 통해 진실을 추단하는 '편견의 사고'는 눈앞에 보이는 약자에게 모든 책임을 돌리게 된다. '한국 남성'에게 다른 소수자들은 보이지 않는다. 오직 지금 '한국 남성'에게 가장 빈번하게 목격되는 약자는 바로 여성이다.

여전히 한국은 다문화적이지도 않고 인권을 중시하는 사회도 아니다. 장애인은 통행권을 얻지 못하고, 이주 노동자들은 특정 지역에 밀집해 있을 뿐이다. 동성애는 강고한 도덕적 금지의 벽에 갇혀 일상으로 스며들지 못하고 있다. 이들은 여전히 소수 약자인 것처럼 보인다. 그러나 여성은 '한국 남성'의 입장에서 보자면 거의 자신들과 대등하게 보일 수 있다. 빈번하게 자신들과 대면하면서 동등한 권리를 누리는 것처럼 보이는 여성은 그러나 일베를 비롯한 '한국 남성들'에게 자신들보다 '열등한 존재'여야 한다. 일베가 강남역에 간 까닭은 이처럼 '남성보다 열등한 여성'을 알리기 위함이었다고 할 수 있다. 이런 일베의 태도와 평상시에 여성을 대하는 '한국 남성'의 태도는 얼마나 다른 것일까. 강남역 살인 사건은 '묻지마 범죄'이든 '증오 범죄'이든 사실 한국에서 여성이 소수 약자라는 사실을 증명한 계기였고, 일베는 이 진실을 참을 수 없었던 것이다. 일베의 강남행이 증명했듯 여성은 여전히 한국에서 소수 약자다. 이 소수 약자는 소수 약자이기에 다른 소수 약자와 연대함으로써 '여혐'의 구조를 타파하고 한국 사회를 근본적으로 바꿀 수 있는 정치적 주체인 것이다.

이제 페미니즘이라는 말은 지엽적 쟁점에 그치지 않고, 보편적 한국 사회의 모순을 건드리는 용어가 됐다. 그동안 제도적 측면에서 여성의 권리가 많이 신장됐다는 주장도 있지만, 여성 문제는 사회를 구성하는 근본 문제 중 하나라는 사실을 무시할 수 없다. 다시 말해 여성 문제는 '해결'되는 것이 아니라 끊임없이 다른 정치적 차원을 열어내는 의제라는 사실이 거듭 확인되는 것이다. 이런 상황을 증명이라도 하듯 여전히 여성 문제는 사회적 쟁점의 중심에서 벗어나지 않고 있다.

영화 〈해리 포터〉에 출연한 엠마 왓슨이 페미니즘 발언으로 주목을 받았을 뿐 아니라 2016년 오스카상 시상식장은 정당한 여성의 몫을 주장하는 여배우들의 수상 소감으로 뜨겁게 달아오르기도 했다. 때맞춰 영국 출판사 버소는 페미니즘 분야에서 고전으로 꼽히는 줄리엣 미첼의 『여성의 지위』를 비롯한 다양한 책을 재출간했다. 그러나 현실은 표면적 페미니즘 운동의 확산과 달리 갑갑한 상태에 머물러 있다는 생각이다. 이런 붐이 일어나는 것과 대조적으로 여성의 사회 진출에 대한 반감을 공공연하게 표출하는 여성 혐오도 광범위하게 확산되고 있다는 것을 어렵지 않게 확인할 수 있기 때문이다.

'여성의 지위 상승에 따른 상대적 박탈감'이라는 외피를 뒤집어쓴 여성 혐오의 문제는 단순하게 여성 자체에 대한 반감을 의미하는 것이 아니다. 반복해 지적했듯 이 문제는 '저임금 노동력'으로 여성을 대상화하는 자본주의 경제의 현실과 무관하지 않다. 이런 구조적 문제는 일상에서 여성 혐오에 정당성을 부여하는 여성 차별주의적 사고방식을 통해 확대 재생산되는 측면이 강하다. 이런 까닭에 일상적 차원에서 여성 차별주의를 반대하는 것과 이론적 차원에서 자본주의 구조의 문제를 비판하는 것이 서로 결합할 때 비로소 여성 혐오의 문제는 종합적 관점을 획득하고 유의미한 논점을 이끌어낼 수 있을 것이라고 본다.

역사적으로 본다면 페미니즘이라는 말이 처음 등장한 이래로 여성 차별을 극복하고자 했던 숱한 노력들은 상당한 결실을 맺긴 했지만, 또한 그만큼 다양한 도전에 직면하기도 했다. 윤리적 측면에 국한한다면 사회적 여성 차별의 문제는 존 스튜어트 밀이 『여성의 예속』에서 지적했듯 "여성을 남성에게 예속하는 것은 인류의 발전을 가로막는다."는 입장 정도만 수용해도 상당 부분 개선할 수 있다. 밀과 같은 관점은 전형적인 공리주의적 태도이기도 하지만, 여성을 남성과 동등한 존재로 보는 것은 근대적 패러다임에서 보더라도 지극히 상식적 문제라는 사실을 일깨워준다. 공리주의라는 것은 사회 구성원에게 최대한 동등한 자유를 누릴 수 있게 만들어야 한다는 사상이다. 그래야 사회가 발전할 수 있기 때문이다.

발전이 근대의 정언 명령이라면 사회 구성원이 모두 평등한 권리를 실현하는 것은 무한한 성장의 잠재력을 발휘하게 만드는 것이기도 하다. 여성에게 동등한 임금을 지급해야 한다는 생각도 이런 발상에서 본다면 지극히 상식적인 것이다. 이렇듯 최초로 여성 차별을 문제 삼은 사상은 자유주의였다는 것을 간과할 수 없다. 그러나 어쩌면 당연한 일이긴 하지만, 역사적으로 여성 운동은 이런 자유주의 사상의 한계에 머물러 있지 않았다. 자유주의 사상가들은 여성에게 남성과 동등한 시민권을 부여하면 여성 차별이 사라질 것이라고 봤지만, 2차 세계 대전 이후 여성의 사회 진출이 가속화하고, 여성 운동의 성과가 일정하게 축적되는 과정에서 이런 전제 또한 지극히 남성 위주로 여성 문제를 바라본 관점일 뿐이라는 사실이 드러났던 것이다. 자유주의에서 옹호하는 여성의 권리라는 것은 결과적으로 사회에서 인정받은 여성에 한해 보호받을 수 있다는 통념을 낳는다.

시민권이라는 용어에서 확인할 수 있듯 '시민'의 자격을 획득할 수 있는 여성만이 동등한 권리를 주장할 수 있는 것처럼 받아들여지는 현상이 발생하는 것이다. 그러나 페미니즘의 보편성은 자격을 갖춘 '시민권'에 제한되는 것이 아니라 그 권리를 요구할 수 있는 권리에 속하는 문제였다. 여성 해방이 결코 여성 자신들만을 위한 것이 아니라 보편적 인류의 평등-자유에 해당하는 문제라는 뜻이다. 당연히 페미니즘의 문제의식은 '시민권'이 설정한 제한적 영역을 넘어서 보편성으로 나아갔다. 이 문제는 개인의 해방에서 출발한 자유주의의 가치를 '상황에 참여'하는 사건의 주체라는 보편성으로 확대해야 한다는 당위 명제와 같은 것이다.

자유주의의 문제점은 무엇이었던가. 대표적 자유주의 사상가 로크는 노예 무역에 투자하면서 인간의 자유와 평등을 주장했다. 말하자면 로크가 자신의 정치철학을 위해 전제한 자유와 평등을 보장받을 수 있는 인간은 유럽의 백인을 의미했을 뿐이다. 자유와 평등을 옹호한 로크조차도 노예를 경제적 재화로 생각했기 때문에 유럽이 아닌 곳에 백인과 동등한 권리를 가진 다른 인간들이 살고 있으리라는 상상을 하지 못했다고 볼 수 있다. 문제는 자유주의가 자연스럽게 전제하는 그 '인간'의 범주에 해당하는 현실적 대상이 누구인지에 대한 질문이다. 이념적으로 본다면 자유와 평등을 부르짖으면서 '인간'을 하나로 전제하는 것처럼 보이는 자유주의이지만, 현실에서 그 자유주의는 그 '인간'을 나눠 위계화하고 자격이나 능력을 갖추지 못한 이들은 그 '인간'의 범주에서 배제하는 것이 다반사다. 이른바 자기 계발의 명목으로 한국에서 불어닥치고 있는 '능력주의'와 '경쟁주의'가 바로 이런 자유주의의 현실을 보여주는 사례일 것이다.

이런 문제가 있다고 자유주의가 주장하는 자유와 평등이라는 가치 자체가 잘못된 것은 아니다. 이 가치는 보편적인 것이다. 그래서 제대로 자유주의에 입각한다면 인류 보편의 평등-자유라는 관점에서 자유주의의 모순을 극복하고 완전한 자유와 평등을 실현하고자 하는 움직임이 일어날 수밖에 없다. 자유주의적 가치에 근거해 '진정한 자유주의'를 주장하는 것은 결과적으로 그 한계를 넘어가려는 정치 운동이기도 한 셈이다. 따라서 페미니즘의 관점에서 자유주의가 무의식적으로 전제했던 '백인 여성만의 권리'를 비판하고 그 한계를 넘어서려는 노력은 필수적이면서 동시에 필연적이다. 페미니즘의 입장에서 노예 여성의 권리도 백인 여성과 동일하게 보장돼야 한다는 생각은 당연한 것일 수밖에 없다. 여기에서 더 나아간다면 사회적 소수 약자와 연대하는 여성이라는 적극적 의미를 발견할 수 있다. 이런 식으로 여성 운동에 단초를 제공한 페미니즘은 참정권 운동부터 가부장제 비판까지 다양한 분화를 거쳤다. 가부장제에 지배당하는 가족주의에 대항해 여성의 분리를 주장하는 급진 페미니즘과 계급을 비롯한 사회 구조의 변화가 없이 여성 해방도 있을 수 없다고 믿는 마르크스주의 페미니즘이 서로 논쟁하면서 발전해온 것은 이런 맥락에서 충분히 이해할 수 있는 과정이었다.

한때 '신사회 운동' 중 하나로 기존의 사회 운동을 비판하면서 등장했던 페미니즘은 여성 차별 이슈를 부각하고 여성 권리 보장의 필요성을 제기하면서 중요한 기여를 해왔다고 볼 수 있다. 그러나 여러 여성학자가 이미 지적했듯 페미니즘 역시 다른 정체성 정치와 마찬가지로 엄연히 가시화된 경제적 불평등이나 빈곤 문제를 문화적 차원에서 자신들을 결속해주는 고유성에 대한 '인정 욕구'로 대체해버릴 수 있다. 모든 운동이 그렇듯 페미니즘 역시 이런 위험을 경계해야 할 것이다. 페미니즘에 대한 관심이 어느 때보다도 촉발된 지금이야말로 여성 차별과 여성 혐오를 사회적 문제의 핵심으로 인식할 수 있게 만들 절호의 기회라는 판단이다.

혐오를 넘어서

정신분석의 창시자 지그문트 프로이트는 혐오에 대해 불행의 원인을 없애버리려는 자아의 상태라고 설명했다. 혐오라는 것은 일시적 마음 상태라기보다 특정 대상에 대한 일관된 성향이라는 의미다. 따라서 혐오의 문제는 혐오라는 감정 자체에 있다기보다 혐오하는 대상에 있다고 봐야 할 것이다. 누가 '무엇'을 혐오하는지가 중요하다. 더 나아가 이 문제는 그 '무엇'을 결정하게 만드는 규범에 대한 것이기도 하다. 규범은 어떤 것을 정상적인 것과 비정상적인 것으로 나누는 기준이다. 많은 사람이 지적했듯 이 기준은 현실의 권력 관계에서 결코 자유로울 수 없다. 여성 혐오나 동성애 혐오가 문제가 되는 것은 이 때문이다. 현실의 권력 관계에서 대체로 여성과 동성애자는 소수 약자에 속한다는 전제에서 이런 합의는 자명한 것이다. 그러나 그 합의가 자명한 만큼 합의된 것 내부에 맹점이 있을 수 있다. 앞서 이야기했듯 혐오는 불행의 원인을 제거하려는 열망의 산물이다. 나를 불행하게 만드는 것을 없애려는 것은 당연한 심리 상태일 것이다.

그러나 내가 행복해지는 대신 상대방이 불행해진다는 생각을 하지 못할 때 이런 혐오의 행위는 연대에 기반을 둔 사회 전체에 위기를 초래한다. 아마도 이 때문에 관용은 자유주의 사회에서 필수적 미덕으로 자리 잡았을 것이다. 일상에서 관용은 생각과 취향을 달리하는 이들과 함께 살아가기 위한 필수적 태도다. 그러나 일상의 차원을 벗어나 정치적 차원으로 넘어온다면 관용 역시 정상과 비정상을 나누는 규범으로 작동한다. '다름'을 관용하지 못한다면 그것은 비정상적이거나 나쁜 사람이 돼버린다. 이렇게 규범화된 관용의 문제가 적나라하게 드러나는 장면이 바로 일베를 중심으로 드러나는 현상들이다. 일베의 논리는 자신들의 호남 혐오나 여성 혐오를 관용해야 한다는 것이고, 그것이 곧 민주주의라는 것이다. 난센스로 치부할 수도 있는 일이지만, 이런 현상들이 일베라는 특정 집단에 국한해 발생하는 것이 아니라 한국 사회 전체에 걸쳐 광범위하게 나타나고 있다는 것을 인지한다면 상황은 사뭇 심각해진다.

이 문제를 '민주주의의 역습'이라거나 '우중 정치'라고 개탄할 수도 있겠지만, 이런 관점 역시 민주주의 자체에 대한 혐오를 내장한다는 점에서 자승자박의 논리를 벗어나기 어렵다. 민주주의를 객관적 조건으로 본다면 지금 일베 현상에서 확인할 수 있는 민주주의는 소수 약자에 대한 혐오조차도 관용해야 하는 극단적 민주주의일 것이다. 이 민주주의를 떠받치는 논리는 모든 사물을 공평한 차이로 환원하는 형식적 평등주의다.

앤디 워홀은 어디선가 자본주의의 평등은 부자든 빈자든 코카콜라를 1달러에 사는 것이라고 말했다. 그러나 이 진술은 절반만 맞다. 무엇이든 교환이 가능할 때, 말하자면 그 무엇이 상품 가치를 획득할 수 있을 때 비로소 평등해지는 것이 자본주의의 비밀이다. 교환되지 못하는 것, 다시 말해 상품으로 만들어낼 수 없는 것은 이 평등의 범주에 들어오지 못한다. 그러나 모든 것을 상품화할 수 있는 것은 아니다.

처음으로 돌아가 말하자면 이렇게 상품화로 포섭할 수 없는 것 중 하나가 바로 불행과 같은 감정 상태일 것이다. 유명한 유태인의 농담을 상기해보자. 랍비와 부자가 교회에 들어가 자신의 불행을 신에게 토로하면서 "저는 아무것도 아닙니다."라고 고백했다. 조금 있다가 가난뱅이가 들어와 똑같이 신에게 자신의 불행을 호소하면서 "저는 아무것도 아닙니다."라고 말했다. 그러자 부자가 랍비에게 귀엣말로 "가난뱅이 주제에 감히 자기가 아무것도 아니라고 말한다."라고 비웃었다. 이 농담이 풍자하듯 불행은 결코 평등하지 않다. 불행은 사고 팔 수 없기 때문이다. 그렇기에 불행의 원인을 박멸하려는 혐오의 감정도 평등할 수 없다. 앞서 말했듯 무엇을 왜 혐오하는지가 더 중요한 것이다. 이 판단의 기준은 평등주의 바깥에 있다. '일베 현상'은 모든 혐오를 평등한 것이라고 주장한다. 여성 혐오나 동성애 혐오나 호남 혐오를 독재나 불평등에 대한 혐오와 같은 것으로 취급해야 한다고 말한다. 지금 우리 앞에 놓인 문제는 무기력한 민주주의의 문제라기보다 모든 가치를 동등한 상품의 차이로 환원함으로써 권력과 구조의 문제를 지워버리는 형식적 평등주의에 대응한 논리가 없다는 것일지도 모른다.

이 문제와 관련해 흥미로운 에피소드 하나를 살펴보자. 2015년 이른바 '서울 시민'을 대표한다는 어떤 이들이 박원순 시장을 '직권 남용 및 공연 음란 방조 등의 혐의'로 고발했다고 한다. 고발 내용으로 적시된 '공연 음란'이 무엇인지 봤더니 '퀴어 문화제'를 지칭하는 것이었다. 이들의 논리에 따르면 "서울광장은 건전한 여가 선용과 문화 활동을 위한 공간이기 때문에 시민의 자유로운 통행을 방해하거나 혐오감을 주는 행위, 영리를 목적으로 한 광고 및 판매 행위, 취사 행위, 주류 반입 행위 등을 못하게 됐다."는 것이고, 문제의 퀴어 문화제에서 "동성애자들은 실오라기 같은 팬티 하나만 착용한 채 전신을 노출하는 등 성적 수치심과 분노를 자아내게 하는 행동을 했다."는 것이었다.

이런 논리에 반하는 논리는 얼마든지 가능하다. 일단 박 시장이 동성애와 관련해 보수적 입장을 천명했다는 것, 그리고 고발인들이 제기하는 '공연 음란'의 현장에 마크 리퍼트 미국 대사를 비롯한 각국의 명사가 참가해 축하했다는 것, 따라서 박 시장이 행사를 방조했다거나 행사 주최자들이 "극단적 행동"을 했다는 사실을 입증하기란 쉽지 않다는 것이다. 그냥 해프닝으로 치부하고 넘어갈 수 있는 일이긴 하지만, 이들의 논리에서 문제적 지점을 짚고 넘어갈 필요는 있을 것 같다. 지

금 한국 사회에서 작동하는 어떤 배제의 논리를 보여주는 예
증이기 때문이다.

이 배제의 논리가 바로 앞서 말한 혐오의 감정에 근거한다.
혐오라고 해서 다 같은 감정에 속하는 것은 아니다. 여성 혐
오와 동성애 혐오 또는 외국인 혐오는 동일한 감정에 기초하
지 않는다. 여성 혐오와 동성애 혐오가 기본적으로 민족 국가
내부의 결속을 다지기 위한 정치적 기동의 결과물이라면, 외
국인 혐오는 민족 국가 단위를 넘어선 국제화의 결과물이다.
따라서 한국처럼 여성 혐오자나 동성애 혐오자이면서 외국
인에 대해 관대하거나 반대로 여성과 동성애자에게 관대한
이들이 외국인에 대해 혐오감을 드러낼 수도 있는 것이다. 더
나아가 여성 혐오와 동성애 혐오도 감정에서 일정한 차별성
을 가진다고 볼 수 있다. 여성 혐오가 다분히 상대방을 깔보
고 업신여기는 경멸의 감정에 기초한다면, 동성애 혐오는 역
겨운 감정에 기반을 두기 때문이다.

미국 법철학자 윌리엄 이언 밀러[William Ian Miller]는 혐오의 정서
중에서도 경멸과 역겨움을 정치적인 것과 밀접하게 연결된 감
정 작용으로 봤다. 경멸이 상대방에 대한 존중의 문제라고 한
다면, 역겨움은 민주주의를 위한 최소 요소라고 할 수 있는
관용에 대한 저항이다. 정치적 차원에서 경멸은 민주주의를
해치는 개인의 자격에 대한 비난에 동의하지만, 역겨움은 관
용의 문제점을 지적하고 전복하려 한다는 점에서 전혀 다른
감정 기제인 셈이다. 따라서 여성 혐오의 문제는 민주주의의

발전에 따라 일정하게 소멸할 수 있지만, 동성애자에 대한 혐오는 오히려 민주주의가 발전하고 그 자체의 모순이 심화될수록 더욱 강력하게 작동하게 되는 것이다. 과거 유럽에서 나치가 동성애 혐오를 정치적 위기에 대한 대응으로 활용했다는 사실을 상기할 필요가 있다.

2015년 박 시장을 고발한 '시민'이 내세운 논리는 그 무엇도 아닌 '시민의 권리'였다. 시민의 재산인 서울광장을 동성애자들에게 대여해 공연 음란 행위를 하게 만들었기 때문에 "범법 행위"를 방조했다는 주장이다. 이런 논리에 따르면 동성애자들은 '시민의 권리'를 침해하는 범법자들인 셈이다. 이들이 왜 이런 주장을 하는지 이유는 간단하다. 범법자들로 규정하는 순간 효과적으로 동성애자들을 '시민'의 범주에 포함하지 않을 수 있기 때문이다. 무릇 범법이라는 것은 시민의 자격을 부여할 수 없는 행위이고, 따라서 시민의 자격을 지키지 못한 이들은 결코 시민과 동등한 권리를 가질 수 없는 것이다.

범법자는 역겨움의 대상이지 깔보고 업신여길 수 있는 대상이 아니다. 이들이 원하는 것은 표면상 박 시장에 대한 공격이지만, 사실 동성애에 대한 혐오를 조직해내는 일이라고 봐야 한다. 김진호가 적절하게 지적했듯 반공이라는 대의가 사라진 조건에서 동성애 반대는 기독교 극우 세력을 다시 결집하게 만드는 정치적 기제로 활용된다. 내가 보기에 이 과정은 자유주의적 관용의 원칙을 전복하기 위한 '역겨움의 정치'를 전면화하는 것으로 보인다. 지금은 공격 대상이 동성애자들이지만, 민주주의가 확대되고 경멸의 대상이 점점 사라질수록 '역겨움의 정치'는 훨씬 다양한 양상으로 출현할 것이라고 예상한다. 이른바 '남혐'에 대한 책임을 물으면서 공공연하게 '국민의 절반'인 여성에 대한 혐오를 정당화하는 논리들이 그 전조다. '국민의 절반'인 여성조차도 이런 취급을 받는다면 이주 노동자나 장애인 또는 아동은 어떻게 될 것인가. 입장이 다르다는 이유로 역겨운 혐오의 대상이 돼버린다면 누가 자신의 의견을 제대로 말할 수 있겠는가. 극우 정치는 이런 강요된 침묵에서 움트는 것일 테다.

이 강요된 침묵이 곧 냉소주의의 밑거름이다. 이 냉소주의는 탈이데올로기적인 것처럼 보이지만, 사실 또 다른 이데올로기다. 이데올로기를 벗어났다고 믿는다는 점에서 이데올로기인 것이다. 『지적 대화를 위한 넓고 얕은 지식』이라는 베스트셀러가 있었다. 제목 자체에서 지식, 다시 말해 앎에 대한 기존 인식이 얼마나 바뀌었는지 짐작할 수 있게 만들어줘 흥미롭다. 과거의 기준으로 본다면 '지적 대화'와 '넓고 얕은 지식'은 별반 관계없고, 오히려 정반대에 놓여야 할 조합이다. 한때 앎이란 것은 실존이나 구조 같은 거대한 문제의식을 놓고 겨루는 사상적 거인들의 각축이었다. 그러나 이제 무엇인가를 아는 문제는 '지적 대화'를 위한 수단으로 비치게 된 것이다.

물론 이런 현상이 나타난 것은 어제오늘이 아니다. 이른바 '인간 자본'의 논리와 동전의 양면을 이루는 자기 계발의 논리가 삶의 원리를 지배하게 됐다는 현실과 이런 현상은 무관하지 않다. 자기를 더욱 완성하기 위한 '자기 계발의 논리'는 국가와 개인의 유기적 결합에서 존재 의의를 찾았던 일련의 이데올로기가 위기에 봉착하면서 등장한 것이라고 할 수 있다. 이제 개인은 국가와 동격에 놓이게 됐고, 오히려 국가가 개인의 발전을 저해하는 장애로 받아들여지게 됐다.

한국은 이런 추세에 어떤 국가보다도 재빨리 적응한 비서구 국가라고 할 수 있다. 물론 개인이 국가와 동격에 놓이고, '인간 자본'이 삶의 원리로 받아들여지는 마당에 서구와 비서구는 이미 과거처럼 선명한 변별력을 갖지 못한다. 왜냐하면 훌륭한 개인, 다시 말해 수익률이 높은 '인간 자본'이라면 국가라는 장애는 아무런 문제가 되지 않을 것이기 때문이다.

'지적 대화'에 대한 관점이 이렇게 바뀐 것은 우연이 아니다. 백과사전적 지식을 구축한 '완전한 자기'를 추구하는 경향은 이미 초기 부르주아 사회에서도 확인할 수 있는 일이었다. 재력 못지않게 명예를 추구한 부르주아는 과거 귀족이 누렸던 문화유산을 그대로 계승하고자 했다. 오늘날 유럽을 관광 대국으로 만들어주는 '볼거리들'이 대부분 이렇게 만들어진 것이다. 부르주아는 귀족 문화를 거부한 것이 아니라 자신들을 귀족으로 만들려 했다고 볼 수 있다.

지금 한국에서 벌어지는 문제의 변화도 이런 '귀족에 대한 열망'과 무관하지 않다. '개처럼 벌어 정승같이 쓴다.'는 속담이 오히려 이 현상에 감춰진 욕망을 설명해주는 적절한 표현일 것 같다. '인간 자본'의 범주는 이런 의미에서 손쉽게 시장 논리로 설명할 수 없는 측면을 내포한다. '인간 자본'이 전제하는 '완전한 자기'는 '즐겨라'라는 무의식의 명령에 충실한 '소비자 주체'에 그치지 않는다. 이 '완전한 자기'는 시장과 소비에 대한 비판적 또는 냉소적 태도를 보여주는 주체다. 이 '완전한 자기'는 시장의 등가성을 혐오한다.

앞서 이야기했듯 혐오의 감정은 크게 경멸과 역겨움으로 나뉜다. 경멸이 자기보다 능력을 덜 갖췄으면서도 평등의 원리에 따라 공평하게 몫을 나눠 가진 이들에 대한 수동적 감정이라면, 역겨움은 아예 처음부터 그 평등의 원리에서 배제해버려야 하는 이를 만들어내는 적극적 감정이라고 할 수 있다. 정치적 감정으로서 작동하는 혐오는 기본적으로 시장주의와 관련이 있다. 지금 목도하는 한국 사회의 혐오 정서가 시장주의의 산물이자 동시에 그에 대한 반응이라고 할 수 있다.

시장이 전제하는 등가성은 관용의 원칙에 근거한다. 기본적으로 관용의 원칙이 전제되지 않는다면 시장은 제대로 기능하기 어렵다. 특정한 상품만을 독점 판매하는 구조가 시장을 파괴한다는 것은 삼척동자라도 아는 진실이다. 따라서 관용은 시장주의의 미덕이다. 그러나 이런 관용은 언제나 새로운 도전에 직면할 수밖에 없다. 『샤를리 에브도』 테러 사건에서 확인했듯 시장주의가 표방하는 관용은 극단주의의 저항에 부딪힌다. 미국 정치학자 웬디 브라운이 지적했듯 관용은 일상의 차원과 정치의 차원으로 나뉜다. 결과적으로 후자가 전자를 질식하게 하려는 것이 최근에 두드러진 양상이다. 정치의 차원에서 관용이라는 것은 시장주의의 관용을 용납하지 않는 이들을 관용의 대상에서 배제하는 것이기도 하다.

내가 보기에 이렇게 정치의 차원에서 작동하는 관용의 이중성을 은폐하기 위해 동원되는 것이 혐오의 감정 중 하나인 바로 역겨움이다. 역겨움은 어떤 대상을 원초적으로 제거해버리려는 행동에 정당성을 부여한다. 무엇인가를 역겨움의 대상으로 설정하는 순간 관용의 원칙은 정지한다. 역겨움은 정상과 비정상을 나눠 후자를 박멸해야 한다는 인식과 궤를 같이한다. 이런 의미에서 혐오의 정치야말로 권력을 수직적 구조로 위계화하는 폭력인 것이다.

마치며 :
내용 없는 민주주의와 대안 없는 민족주의를 지나서

2018년 러시아 대선이 한창 진행되던 무렵 한 CNN 특파원이 젊은 러시아 여성 유권자 한 명을 인터뷰하면서 푸틴 재선출에 대한 의견을 물었다. 그 여성은 "우리 러시아인이 푸틴을 다시 대통령으로 뽑겠다는데 뭐가 이상하냐?"고 반문했다. CNN을 비롯한 이른바 서방 언론들은 부정 선거 의혹을 제기하면서 푸틴의 당선을 탐탁지 않아 하는 태도를 노골적으로 비췄던 때였다. 귓가에 "뭐가 이상하냐?"고 되받아치던 그 젊은 여성의 음성이 맴돌았다.

기시감일까. CNN 뉴스의 장면은 내게 그리 낯설지 않았다. 지금으로부터 10년 전 한국에서도 마찬가지로 온갖 논란에도 아랑곳없이 이명박 전 대통령이 압도적 표차로 당선되는 것을 목격하지 않았던가. 개인적으로 이명박 정부의 출현은 엄청난 고민거리를 던진 사건이었다. 민주주의에 대한 피로감이 보수의 귀환을 부추겼다는 호사가들의 진단도 일견 맞는 말이긴 했지만, 내 입장에서 이런 역사의 반동은 진보 정부의 실패에서 기인한다기보다 이른바 글로벌 자본주의로 일컬어지는 새로운 질서에 대한 국민의 반발로 여겨졌기 때문이다.

글로벌 금융 자본의 이해관계를 대변한다는『파이낸셜 타임즈』와『이코노미스트』가 실제로 이명박 정부의 출현에 가장 우려의 목소리를 냈다는 사실은 의미심장하다. 그러나 이른바 민주화 세력이 권력을 장악했던 10년을 '잃어버린 세월'로 규정하면서 등장한 이명박 정부가 딱히 보수의 의제를 실천하고자 했던 것 같지는 않다. 당시 조갑제의 인터뷰도 밝혔듯 이명박 정부는 '비즈니스맨 정권'이었고, 그래서 정권의 이익을 위해 국가 공유재를 '합리적'으로 사용할 수 있다는 선례를 만들어낸 '사익 집단'이기도 했다.

돌이켜보면 시장의 이름으로 이명박 정부는 국내 자본가와 소자산가들의 이익을 철저하게 대변하고자 했다고 볼 수 있다. 이런 성격의 정부에서 누구보다 돋보였던 이는 이 전 대통령 자신이었던 것 같다. 내 생각에 이 전 대통령은 한국 정치사에서 최초로 대통령이라는 직함을 자신의 경력으로 간주한 최초의 정치인이 아닐까 싶다. 이런 정치인은 대체로 정치인 취급을 받지 못했던 것이 한국의 정치 문화였지만, 역설적으로 이렇게 정치인답지 않은 점이 그를 대통령으로 만들어준 정치적 자산이기도 했다.

그는 철저하게 시장의 가치를 체현한 존재였다. 그의 정책은 국제 금융 자본에게 불리했다고 할지라도 그 자신은 신자유주의적 의미에서 머리부터 발끝까지 자기 자신의 능력을 극대화해 자본화하려는 존재였다. 영문으로 출간한 그의 자서전을 읽어보면 놀랍게도 그는 대통령직을 그만둔 후 경력 관리까지도 신경을 썼다는 사실을 알 수 있다. 지극히 사적 문제인 것처럼 보이지만, 이런 이 전 대통령의 자기 집착은 결과적으로 국가 전체에 나쁜 영향을 미쳤다고 할 수 있다. 무엇보다도 박근혜 전 대통령의 문제점을 누구보다 잘 알았을 당사자임에도 차기 정부의 출현에 적극적으로 협조한 점도 그중 하나일 것이다.

어떤 이들은 이 문제를 간단하게 부도덕한 개인으로 인해 빚어진 일시적 퇴행으로 치부하고자 한다. 그러나 분명한 것은 그때 이 전 대통령은 쿠데타나 부정으로 당선된 것이 아니라 정당한 민주적 절차를 통해 당선됐다는 사실이다. 푸틴의 당선을 놓고 개탄하는 많은 사람이 젊은 러시아 여성의 반론에 곤혹스러운 것처럼 나 역시 2007년 12월을 떠올려보면 표현이 궁색해진다. 실제로 이명박 정부의 등장은 상당 부분 진보를 자처한 이들의 자기모순에서 기인한 것이기도 했기 때문이다. 절차적 민주주의를 민주주의의 본질로 착각하는 형식주의도 만연했다. 나는 아직도 대통령 당선 소식을 전하는 아침 뉴스에 등장한 한 자영업자의 발언을 잊을 수 없다. "이제 이명박 대통령이 당선됐으니 복지도 잘하고 우리 같은 서민들도 잘 살게 될 것 같습니다."

'우리 안의 이명박'은 없었다. 사실 있던 것은 이명박이라는 기표로 향하는 욕망을 다른 곳으로 이끌지 못한 내용 없는 민주주의였다. 이 내용 없는 민주주의에 채워 넣을 다른 생각을 당시 진보를 자처하는 이들은 하지 않았다. 이들은 고작 그 역사적 반동의 순간에 이명박을 지지하는 이들은 반민주 세력이고 부패 세력이라는 도덕적 판결문을 되풀이해 읽었을 뿐이다. 전 세계적으로 준동하는 극우의 반동은 바로 이런 무력한 진보의 내용 없음을 먹고 자라고 있다는 것을 생각한다면 촛불 이후 벌어지는 한국의 상황 역시 마냥 민주주의의 문제에 대해 낙관할 수만은 없는 노릇인 것이다.

이런 내용 없는 민주주의는 지금 벌어지는 북한 문제와 관련해서도 반복된다. 내용 없는 민주주의가 대안 없는 민족주의로 대체됐을 뿐 경제라는 절대적 물질주의가 치열한 정치적 사유를 봉쇄한다는 생각을 떨치기 어렵다. 2018년 4월 27일 남북 정상이 판문점에서 만나 그동안 얼어붙었던 관계를 한순간에 녹여버리는 이른바 한반도 비핵화와 종전을 포함한 역사적 '판문점 선언'이 있었다. 트럼프 미국 대통령을 비롯해 많은 내외 인사가 '기적의 120분'이라는 말까지 동원해 환영의 메시지를 전하기에 바빴지만, 자유한국당을 비롯한 이른바 한국의 냉전 보수는 여전히 북한을 믿을 수 없다는 태도를 견지했다. 물론 이런 의심의 눈초리는 『워싱턴 포스트』나 『포린 폴리시』에 실린 소위 몇몇 '북한 전문가'의 칼럼에서도 확인할 수 있었다.

입은 여러 개였지만, 사실 이들이 공유하는 논리는 어슷비슷했다. 북한이 이번에도 이런 식으로 남한을 이용해 한미 동맹을 흔들고 미국을 우롱할 것이라는 주장이었다. 이른바 '적화

야욕'을 여전히 버리지 못한 북한에 남한 정부가 순진하게 놀아나고 있다는 것이다. 돌다리도 두드려 가야 한다는 취지에서 경청할 구석이 없는 것은 아니었지만, 지금 벌어지는 상황을 적절하게 해석할 새로운 관점이 부재하다는 점에서 하나마나 한 소리처럼 들리는 것도 사실이다.

무엇보다도 이들은 지금 '세계정세'가 상당히 과거와 달라졌다는 사실을 전혀 고려하지 않는다. '세계정세'는 한마디로 2차 세계 대전 이후 구축된 미국 주도의 전후 체제가 더는 과거처럼 유지될 수 없다는 사실을 말한다. 앞서 논의했듯 트럼프의 대통령 당선은 이 사실을 간접으로 증명하는 사건이었다. 예외주의로 복귀해 '강한 미국'을 다시 건설하자는 주장은 과거에도 있었지만, 트럼프처럼 대외 관계에서 지금까지 추구한 노선에서 미국이 후퇴함으로써 예외주의를 실현해야 한다고 생각한 경우는 없었다.

트럼프 행정부의 관심사는 오직 국내 정치라는 점에서 역설적으로 지금 한반도의 긴장을 해소할 수 있는 절호의 기회라는 평가도 있다. 미국의 갈팡질팡 행보가 결과적으로 한국 정부에게 개입의 공간을 열어준 셈인지도 모른다. 흥미롭게도 미국 정치학자 임마누엘 월러스틴은 2006년에 발표한 「미국적 힘의 변곡점」이라는 논문에서 이미 동요하는 전후 체제와 다가오는 전환의 시기에 대한 예측을 내놓았다. 돌이켜보면 세부적으로 맞는 것도 있고 틀린 것도 있겠지만, 거시적 차원에서 그가 제기한 미국 헤게모니의 붕괴는 맞아떨어진다고 할 수 있다. 월러스틴의 입장에서 냉전 체제의 종식은 미국을 유일 강대국으로 만들어준 사건이라기보다 전후 체제가 무너지기 시작한 시발점이다. 특히 두 번에 걸친 이라크 전쟁은 사태를 더욱 악화하게 했다는 것이 그의 진단이다.

월러스틴에 따르면 미국의 이라크전은 북한과 이란 같은 나라에게 핵무장의 필요성을 강변한 구실을 제공했다. 말하자면 미국이 이라크를 침공한 것은 "이라크가 핵무기를 가졌기 때문이 아니라 갖지 않았기 때문"이라는 교훈을 준 것이고, 이렇게 핵무장은 곧 체제 유지의 방편이라는 공식이 자연스럽게 성립돼 북한의 미사일 개발까지 오게 된 것이다.

이런 월러스틴의 예상이 얼마나 정치하게 맞아떨어졌는지 논한다면 서로 의견들이 엇갈릴 수 있다. 다만 그의 주장을 통해 지금 벌어지는 한반도의 상황이 상당 부분 필연적 결과로 인식할 필요가 있다는 것이다. 한국은 냉전을 지렛대로 삼은 전후 체제에서 탄생한 국가다. 미국 중심의 체제로 진입하기 위해 한국은 '정상적 민족-국가'를 포기해야 했다. 이른바 평화 체제는 냉전 체제를 해체하고 '정상적 민족-국가'로 가기 위한 민족주의적 기획이다. 북미 회담이 우여곡절을 겪는다고 할지라도 장기적으로 북한이 체제 보장과 핵 폐기를 맞바꾸기만 하면 월러스틴의 예상은 현실화될 것이다.

냉전 보수는 이 현실화가 한미 동맹의 해체로 이어질 것이라고 강변하지만, 월러스틴의 주장처럼 동북아 평화 체제가 실현되더라도 미국을 배제하는 일은 여러 가지 이유에서 불가능할 것이다. 오히려 지금 걱정해야 할 것은 다른 문제일지도 모른다. "하나의 혈육"으로 다시 인준받은 남과 북이 민족주의 이외에 다른 대안의 이념을 가질 수 있을지가 진짜 문제라는 생각이다. 경협이 가져올 경제 효과를 예측하는 소리가 여기저기에서 들리지만, 정작 이제부터 고민해야 할 것은 거대한 전환 이후에 어떤 세계를 만들어 나아가야 할 것인지에 대한 고민일 것이다. 이 어떤 세계에 대한 논의를 지금부터 시작하자는 것이 지금까지 내가 이 책에서 주장해온 요청이다.

부록

자크 랑시에르 인터뷰 :
모든 대안은 이미 현실에 다 있다

슬라보예 지젝 인터뷰 :
트럼프 이후 세계는 어디로 가고 있는가

2018년 3월, 파리를 방문했을 때 이뤄진 인터뷰다. 몽마르트에 있는 랑시에르의 자택을 찾아가 2시간 동안 나눈 대화의 결과물이다. 각자 근황을 이야기하고 프랑스와 한국에서 일어난 일들에 대한 논평을 덧붙이면서 자연스럽게 내가 준비한 질문에 랑시에르가 대답하는 형식으로 인터뷰가 이뤄졌다.

자크 랑시에르 인터뷰 :
모든 대안은 이미 현실에 다 있다

자택 문이 열리자 랑시에르는 변함없이 보랏빛 스웨터를 입고 나를 맞이했다. 처음부터 인터뷰를 기획한 것은 아니었다. 파리에 학술 행사가 있어 들른 차에 잠깐 찾아뵙고자 한 것인데 흥미진진한 이야기가 길어져 기록으로 남기는 것이 좋겠다는 생각이 들었다. 글도 청탁할 것이 있었고, 또한 다른 부탁도 이메일을 통해 주고 받던 참이었다. 안내를 받아 자리를 잡고 앉은 거실도 변함없었다. 아담한 살굿빛 소파가 놓인 정경은 몇 년 전에 찾아왔던 기억을 되살려줬다. 지난 캘리포니아 버클리대 특강 때문에 무리하셨다는 소식을 들어 건강은 어떠신지 염려를 전하자 괜찮다고 환하게 웃어 보였다.

내 지인이기도 한 제자가 보내줬다는 대만산 차를 함께 내리면서 이야기가 슬슬 꽃피기 시작했다. 먼저 랑시에르는 한국에서 어떤 일이 벌어지는지 궁금하게 여겼다. 지난 촛불과 박근혜 대통령 탄핵, 그리고 이후 이어진 정치 상황에 대해 내가 간략하게 보고 아닌 보고를 했다. 근본적 변화는 아니지만, 의미심장한 진전이 이뤄졌다고 평가하자 그는 "특별히 달라진 것이 없다고 해서 의미심장하지 않다고 말할 수는 없습니다."고 맞장구를 쳤다. 마크롱 집권 이후 프랑스 상황에 대해 내가 묻자 랑시에르는 "마크롱 이후에 거대한 변화 운운하는 말들이 있지만, 달라진 것은 없습니다."고 응답했다. "마크롱은 좌파의 자세를 취하고 있지만, 저는 그보다 더 철저하게 신자유주의적 테제를 실천하려고 준비된 정치인을 볼 수 없습니다."는 것이 랑시에르의 진단이었다.

사르코지 재출마설까지 대화는 번져나갔다. "푸틴이 돌아오는 것처럼 기성 정치에 더는 새로운 대안이 없다는 것을 보여주는 것이겠지요." 랑시에르는 사실 더 중요한 일은 누가 대통령이 되고 어떤 정치인이 부상하고 이런 문제가 아니라고 말했다. "많은 정치인이 변화를 약속하지만, 변화야말로 요즘 정말 가장 하기 쉬운 일이죠." 우리는 함께 쓴웃음을 지었다. "기술의 발달을 보세요. 마음만 먹으면 없는 것을 있는 것으로 만들어내는 것도 가능합니다. 이런 현실에서 무엇인가 변화를 약속한다는 것은 의미가 없습니다. 정작 중요한 것은 변화가 아니라 무엇을 위한 변화인가라는 문제겠죠." 말하자면 랑시에르에게 중요한 문제는 변화 자체라기보다 그 변화의 목적이 사실상 존재하지 않게 된 이 사태라고 할 수 있다.

이런 형국에서 무엇인가 달려졌다고 환호하는 것은 새로운 것의 출현과 무관하다. 랑시에르의 평소 지론이 드러나는 지점이기도 했다. "급격하고 근본적인 단절은 일어나지 않습니다. 모든 것은 평범한 일상에서 진행됩니다. 그 일상에서 변화라는 것은 항상 일어나는 일이죠." 그래서 그런지 최근 랑시에르는 울프를 비롯한 모더니스트의 소설을 재조명하는 책을 출간하기도 했다. 이야기는 잠깐 저서로 옮아갔다. 이 책에서 랑시에르는 울프, 콘래드, 플로베르, 보들레르 같은 모더니스트 작가를 부르주아 사상과 대입한 종래의 관점을 비판하면서 근대 민주주의와 이들의 미학 사이에 놓인 관련성을 강력히 주장했다. 그의 철학은 이처럼 정치와 미학의 관계에 대한 새로운 조명으로 각광받는다. 특히 이를 통해 정통 문학 연구의 교조성을 해체하고 새로운 관점을 제시한다는 점에서 많은 사람의 지지를 받는다.

　이런 생각은 그의 철학을 관통하는 요지이기도 하다. 『아이스테시스^{Aisthesis}』에서 그는 모더니즘이라는 고급 예술이 하늘에서 뚝 떨어진 것이 아니라 당대의 대중문화와 감각적으로 연동한다는 사실을 역설했다. 이 말은 단순하게 모더니즘이 대중문화의 영향을 받았다는 정도에 그치는 주장이 아니다. 역설적으로 대중문화와 자신의 미학을 분리함으로써 모더니즘은 탄생했던 것이다. 모더니즘이 스스로 '고급 예술'로 자기 규정을 수행하는 과정이 흥미로운 문제라는 것이 랑시에르의 생각이었다. 그래서 나는 『아이스테시스』 후속편을 써야 하는 것 아닌가 물을 수밖에 없었다. 그러자 그는 "『아이스테시스』가 1945년도에서 논의를 끝냈기 때문에 후속편이 필요하긴 하다."고 인정하면서도 현대로 넘어오면 사정이 더 복잡해지기 때문에 어디에서 손을 대야 할지 난감하다고 솔직히 말했다. 노철학자의 고민이 읽히는 대목이다. 랑시에르는 "아무래도 나는 옛날 사람이라서 그런지 이미 정립된 미학적 산물을 다루는 것이 더 편하다."고 겸손을 표하기도 했다.

　최근 관심 사항과 관련한 이야기를 나누다가 랑시에르는 2008년 이명박 정권 시절 최초로 일어났던 촛불에 대한 기억을 떠올렸다. 그 무렵 랑시에르는 한국을 방문했고, 촛불과 관련한 자신의 생각을 여러 인터뷰에서 밝히기도 했다. 어떻게 생각하면 먼 아시아 국가에서 일어난 민주주의 운동은 독보적 민주주의 철학자라고 부를 수 있는 랑시에르에게 자신의 주장에 힘을 실어주는 더할 나위 없는 좋은 증거일 것이다.

　지난 촛불 역시 랑시에르의 입장에서 보면 혁명이냐 아니냐를 가리는 문제라기보다 촛불 자체의 출현이 중요하다. "근본적 변화를 논하는 것은 의미가 없어요. 어떤 것이 변화한다는 것에 대해 생각해야 합니다. 앞서 말했듯 우리는 지금 너무도 쉽게 변화를 감행할 수 있습니다. 이 변화에서 누락된 것은 무엇을 위한 변화인지에 대한 물음이죠." 변화는 없던 것이 갑자기 나타나는 것이 아니라 이미 존재하지만, 나타나지 않던 것이 나타나는 것이라는 설명이다. "우리는 종종 변화를 현실과 전혀 다른 것이라고 여기지만, 현실을 이룬 것들의 재구성에 지나지 않습니다. 새로운 감각은 이런 재구성의 과정에서 출현하는 것이지요. 겉으로 단절적인 것처럼 보일지라도 이미 존재한 것들이지요."

　얼핏 들으면 랑시에르는 근본적 변화에 대해 회의적인 것처럼 들린다. 그러나 랑시에르가 말하고자 하는 것은 오히려 근본적 변화가 오려면 현실과 동떨어진 이상을 추구하는 것이 아니라 지금 여기에 있는 현실의 계기들을 재구성하는 것이 필요하다는 뜻이다. 이런 의미에서 랑시에르는 최근 한국에서 일고 있는 여성의 미투에 대해 관심을 표명했다. 한국의 미투는 처음에 미국과 유사한 방식으로 전개됐지만, 점차 보편 인권의 문제로 확대되면서 폭발력을 가지게 됐다. 정치와 감각의 문제를 거론하면서 이 문제를 건드리지 않을 수는 없을 것이다. 랑시에르는 이런 전환의 지점들이 모든 요구에 사실상 감춰졌다고 봤다. 미투 역시 하나의 운동으로 발전할 계기들이 내재한 것이고, 한국의 경우는 이 계기들이 데모스의 분출로 이뤄진 것이 아닐까 진단했다.

특히 한국에서 오랫동안 '몫'을 박탈당한 여성들이 목소리를 내기 시작한 것은 대단히 중요한 사건이라고 볼 수 있다는 것이 랑시에르의 진단이다. 『불화^{Disagreement}』에서 랑시에르는 "잘못됐다."는 선언이 정치의 발생이라고 말했다. 이런 측면에서 본다면 미투에서 여성들이 기존의 질서와 위계에 대해 "잘못됐다."고 발언하기 시작한 것이야말로 기성 정치를 허무는 다른 정치의 시작인 것이라고 볼 수 있다. 굳이 이 정치가 '새로운 것'은 아니라고 할지라도 분명 대의제 정치로 다룰 수 없는 데모스의 정치를 여성들이 실행한다는 것은 사실 아닐까. 기존의 질서에 붙잡혔던 감각이 서로 교차하고 뒤섞이면서 새로운 차원을 만들어낼 수 있다면 한국 사회는 미투 이전과 이후로 확연히 나뉘게 될 것이라고 본다. 이런 내 생각에 대해 랑시에르는 공감의 뜻을 비쳤다. 민주주의가 가진 역동성이 여성의 목소리로 드러난다는 사실은 그만큼 한국에서 여성은 "몫 없는 자"였다는 사실을 방증하는 것일 테다.

나는 한국의 경우 미투의 대상이 대체로 이른바 진보 진영이라는 사실을 랑시에르에게 전하면서 이 사실이 정치적 대의를 잃어버린 좌파의 곤경을 드러내는 증상 같다고 말했다. 오늘날 세계적으로 확고한 대의를 제시하는 유일한 정치 세력은 아이러니하게도 극우들이다. 랑시에르의 지론처럼 좌파들은 함부로 희망을 말할 수 없다. 그러나 극우들은 선명한 대안을 제시할 수 있다. 지구화를 거부하고 영광스러운 민족의 기원으로 돌아가자고 주장하면 손쉽게 관심을 끌 수 있다. "그렇습니다. 좌파는 망설일 수밖에 없습니다. 그에 비해 반대편에 있는 이들은 아주 손쉽게 자신들을 드러낼 수 있죠. 이것이 지금 프랑스에서 극우들이 부상하는 이유입니다. 노인 세대가 누리는 혜택을 지금 젊은 세대가 누릴 수 없다는 불안이 확산되고 있죠. 이런 불안을 극우들이 이용해 지지 기반을 닦고 있습니다. 그러나 마크롱을 비롯해 신자유주의자들은 역설적으로 국경을 더 개방함으로써 이들에게 힘을 실어주고 있죠. 둘 다 나쁜 것이거나 아니면 더 나쁜 것일 뿐입니다."

어리석게도 나는 여기에서 우리가 무엇을 해야 할지 질문할 수밖에 없었다. 이 대답할 수 없는 질문에 대해 랑시에르는 친절히 답변했다. "올해까지 계획한 책을 다 쓰는 것이 지금 내가 할 일입니다." 내가 할 일이자 동시에 우리가 할 일이다. 거창한 이상을 꿈꾸는 것은 가능하지만, 그 이상과 현실이 다르다고 섣불리 좌절하고 냉소할 필요는 없다. 랑시에르의 가르침은 이 지점에 있다. 그는 규범적으로 받아들여지는 것을 항상 의심하고 뒤흔드는 작업을 해왔다. 역시나 이번에도 랑시에르는 망설이지 않는 결연함보다는 항상 주저하고 되짚어 보면서 앞길을 모색하는 신중한 모습으로 다가왔다. "모든 대안은 이미 현실에 다 있습니다. 이 현실 너머에 무엇이 있다는 생각보다 이 현실을 다시 만들 생각을 해야 한다고 봅니다." 이 말은 '대안은 없다.'는 우파의 슬로건을 염두에 둔 것처럼 보인다. 분명 이 현실을 넘어선 대안 같은 것은 없을지도 모른다. 그러나 이 '대안은 없다.'는 주장이 오류인 까닭은 그럼에도 현실은 새로운 감각의 출현을 통해 달라질 수 있기 때문이다.

지금 당장 눈앞에 대안이 보이지 않기 때문에 또는 확실하게 희망적인 것이 없기 때문에 '대안은 없다.'고 선언하는 것은 아무런 의미를 갖지 않는다. 보이지 않는다고 존재하지 않는 것은 아니기 때문이다. 보이지 않는 것에 존재를 부여할 때, 다시 말해 몫을 주장하는 목소리가 울리도록 할 때, 비로소 감각은 기존의 나눠진 상태를 무너트리고 새로운 감각으로 다시 분배될 수 있다. 이 세계의 목적성은 사실상 우리가 부여하는 것이지 체제 자체에 목적성이 있는 것은 아니다.

따라서 세상만사에 무심한 것은 아무런 의미를 갖지 않는다. "기술의 발달은 분명 인류에게 거대한 변화를 가져다줬습니다. 그러나 그 변화는 우리와 무관한 것일 수 있죠. 기술의 변화를 부정하는 것이 아니라 그 변화가 무엇인지 숙고해야 하는 것입니다."

맞는 말이다. 그의 말처럼 우리는 버튼 하나로 모든 것을 바꿀 수 있게 됐다. 기술은 변화를 빠르게 해준다. 그러나 우리에게 필요한 것은 멈춰 그 변화를 생각하는 것이다. 이런 의미에서 미투 운동이 인류 보편의 문제를 제기하는 운동과 접속해야 할 필요는 몇 번을 강조해도 부족하지 않을 것이다. 그러나 이 또한 미투가 운동화하면서 자연스럽게 이뤄지는 것이지 미투가 그렇게 돼야 한다는 '훈계'로 가능한 것이 아니다. 오히려 이런 '훈계'야말로 미투를 불러일으킨 그 기저에 놓인 여성 비하 또는 여성 혐오의 구조일 것이기 때문이다.

이런저런 이야기를 나누다 보니 2시간이 훌쩍 넘어버렸다. 랑시에르는 자택의 입구까지 나와 나를 바래다줬다. 이제 건강상 긴 여행은 할 수 없게 돼서 한국에 한 번 더 가고 싶지만, 그럴 수 없게 됐다고 아쉬워하는 노철학자와 작별의 포옹을 나누고 나는 여전히 바람이 쌀쌀한 오후의 거리로 나섰다.

2016년 '트럼프 증상'에 대해 도발적 분석을 내놓아 논쟁을 촉발했던 지젝에게 향후 벌어질 정치적 상황에 대해 물어보기 위해 이 인터뷰를 기획했다. 언제나 논쟁의 중심에 서 있는 '위험한 철학자'가 전망하는 트럼프 이후의 세계는 어떤 모양새일까. 더 나아가 이런 조건에서 좌파적 대안은 어떤 것이 가능할까. 이런 궁금증을 갖고 지젝에게 인터뷰를 요청했다. 인터뷰는 화상 통화로 1시간가량 진행됐다.

슬라보예 지젝 인터뷰 :
트럼프 이후 세계는 어디로 가고 있는가

이택광: 그동안 잘 지냈나. 인터뷰에 응해줘 감사드린다. 먼저 트럼프 당선은 무엇을 의미하는 것인지 질문하고 싶다. 당신은 여러 번 이 문제에 대해 이야기하면서 트럼프라는 정치인은 파시스트라기보다 중도적 자유주의 정치인이고, 그의 당선은 현재의 상태를 바꿔야 한다는 아래로부터 올라온 욕망의 표현이라는 취지의 발언을 했다. 비단 트럼프만 아니다. 2017년 프랑스 선거에서 르펜을 비롯한 우파의 집권이 유력시되고 있다. 이 모든 현상은 무엇을 의미한다고 생각하는가.

슬라보예 지젝: 미국과 이곳 유럽에서 트럼프 당선을 바라보는 지배적 태도는 자유주의다. 이들은 세상에 종말이라도 닥친 양 굴면서 공포에 사로잡힌 채 트럼프를 지지한 평범한 사람들을 비난했다. 그러나 트럼프는 자유 민주주의적 엘리트들의 실패로 인해 출현한 증상일 뿐이다. 이 엘리트들은 이제 평범한 사람들에게 관심을 기울이지 않는다. 이 자유주의적 좌파들의 반응은 이중적이다. 한편으로 트럼프를 악마로 규정하면서 마치 당장이라도 세상의 종말이 닥쳐올 것처럼

말하거나 또는 이미 미국 자체가 파시스트 국가였기 때문에 이렇게 파시스트가 집권하는 것이 새삼스러운 일은 아니라고 말하는 것이다. 이런 반응들과 반대로 더 흥미로운 태도는 내가 '재정상화re-normalization'라고 부르는 것이다. 민주당 정치인인 낸시 펠로시가 한 말 중에 이런 것이 있다. 이번 트럼프 당선은 과거 1980년에 레이건이 당선된 것과 같다. 선거 절차에 따라 보수 공화당이 집권한 것에 불과하기 때문에 나중에 민주당이 권력을 되찾아오면 아무런 문제가 없다는 주장이다. 특별한 일이 아니라 민주주의에서 항상 일어나는 일이라는 말이다. 그러나 내가 보기에 이 모든 것은 지금 눈앞에 펼쳐진 진실을 회피하는 전형적 태도에 불과하다. 충격에 빠졌을 때 재빨리 상태를 '재정상화'를 하려는 심리 상태인 것이다. 이들이 생각하는 것보다 상황이 더 심각하다는 것이 내 생각이다. 촘스키가 말했듯 선거 조작이 있었다는 의미에서 그렇게 생각하는 것이 아니다. 의식 조작이 성공했다는 말이 아니다. 모든 사회는 일종의 표준적 척도를 가진다. 성문화됐든 그렇지 않았든 일정한 규칙에 따라 작동하는 것이다. 선거도 그런 규칙이 작동하는 합의 중 하나다. 그런데 이번 트럼프 당선은 이렇게 암묵적으로 작동하던 체제의 원리가 무너져 내렸다는 것을 의미한다.

이: 그 체제는 구체적으로 무엇인가. 자유 민주주의 체제라고 부를 수 있는 것을 지칭하는가.

지젝: 2차 세계 대전 이후 선진국이라고 불리는 국가뿐 아

니라 개발도상국 대부분은 양당제를 원칙으로 하는 자유 민주주의 체제를 구축했다. 중도적 좌파 정당과 중도적 우파 정당이 몇 년에 걸쳐 서로 여야 자리를 바꾸면서 유지되는 것이다. 이에 더해 주변적 성격을 가진 급진 정당들이 자리를 잡는 방식이었다. 그런데 지금 이런 합의가 붕괴한 것이다. 현재의 정치 지형은 기득권의 이익을 대변하는 중도 자유주의적 거대 정당 하나와 포퓰리스트적 우파 정당으로 이뤄지게 됐다. 그리스 정도가 예외적이라고 할 수 있겠다.

이: 그 합의가 무너졌기에 트럼프가 당선됐다는 뜻인가. 아니면 그 반대인가.

지젝: 미국의 상황으로 돌아가자. 민주당은 믿을 수 없을 정도로 현실에 대해 눈을 감고 있었다. 상황 판단을 잘못했다. 트럼프를 비판하면 그들에게 더 많은 표가 갈 것이라고 착각했다. 트럼프에 투표한 사람들은 반기득권적 성향을 가졌다. 기존 시스템에 반감을 가졌다는 의미다. 샌더스를 지지하던 사람들과 많은 부분에서 겹치는 입장을 가졌다. 어떤 분석에 따르면 이렇게 후보 경선에서 샌더스를 지지하던 민주당의 수백만 표가 트럼프에게 갔다는 정황도 있다. 오히려 힐러리의 선거 전략이 의식 조작처럼 비쳤던 것이다. 이렇게 트럼프라는 개인만을 문제 삼아 조롱하고 그 지지자를 비난하는 것 자체가 증상이라는 생각이다. 어딘가 아프면 처방약이 필요하듯 자유주의자 자신들의 공포를 이런 식으로 치유하려 드는 것인지도 모른다. 이렇게 하면 고통은 덜어줄 수 있을지 몰

라도 질병 자체를 치료하는 것은 아니다. 증상을 잘못 진단할 수 있다. 이 증상의 원인은 간단하다. 기득권층이 자신들의 합법성을 더는 재생산하지 못하기 때문이다. 다시 말해 트럼프 당선은 샌더스를 제거하기 위해 민주당이 민주주의적 신념을 폐기한 대가로 얻게 된 것이다. 샌더스를 포용하면서 좀 더 왼쪽으로 민주당이 움직였다면 힐러리는 대통령의 자리에 오를 수 있었다. 이런 맥락에서 트럼프의 당선이 새로운 좌파의 깨어남을 추동할 수 있을 것이라고 말했던 것이다. 여기에서 나는 잠깐 낙관주의자의 제스처를 취할 수 있다.

이: 그런 낙관주의적 관점에서 예상할 수 있는 트럼프 이후의 세계정세는 무엇인가.

지젝: 낙관주의에 취해 말하자면 트럼프는 러시아 푸틴과 사이가 좋고 중국도 크게 문제를 느끼지 않는 것처럼 보인다. 만일 트럼프가 이런 분위기를 잘 이용해 성공한다면 의외로 세계 평화가 손쉽게 달성될 수도 있을 것이다.

이: 정말 그렇게 될 것이라고 생각하나.

지젝: 되지 말란 법이 어디 있겠나. 물론 이런 주장은 과도한 낙관주의의 관점에서 그렇다는 것이다. 그러나 이런 과장과 별도로 나는 트럼프를 과소평가하지 말아야 한다고 생각한다. 그는 텔레비전에나 등장하다가 얼떨결에 대통령 자리에 오른 멍청이가 아니다. 자유주의적 언론들은 그를 바보 취급했다. 부를 과시하거나 성적 경험을 의기양양하게 떠벌리는 천박한 짓을 할 때마다 '정치적 자살극'을 벌인다고, 정치

인으로서 끝났다고 비웃었다. 그러나 트럼프는 이런 멍청한 짓 때문에 낙선하지 않았고, 오히려 그 때문에 당선된 것처럼 보인다. 정작 트럼프 지지자들은 이런 트럼프의 노골성과 어리석음에 감정이입했다. 완전한 지도자와 자신들을 동일시한 것이 아니다. 반대로 불완전한 트럼프를 보면서 "봐라! 트럼프야말로 우리랑 다를 것이 없는 속물적이고 평범한 사람이다."고 감탄했다. 이런 사실에 대해 민주당은 모르쇠로 일관했다. 이런 자유주의적 엘리트들의 맹목성은 왜 발생했을까. 얼마 전 내가 휘말린 논쟁에 그 단초가 있다. 트랜스젠더와 LGBT 운동가들이 화장실 분리에 대해 문제 제기를 하면서 평범한 사람들을 배제했다. 그들은 대의적으로 옳은 주장을 했지만, 전략적으로 이 쟁점에 대한 평범한 사람들의 분노를 과소평가했다. 정치적 구도를 엘리트 대 평범한 사람으로 잡는 것은 패착이다.

이: 그런 맹목성은 비단 미국에만 일어나는 일이 아니다.

지젝: 물론이다. 프랑스 경우도 비슷하다. 르펜과 프랑수아 피용이 포퓰리즘을 등에 업고 약진 중이다. 피용의 경우는 경제적으로는 시장 자유주의자이지만, 정치적으로는 극단적 가톨릭 보수주의자다. 그래도 르펜은 포퓰리스트적 방식이긴 하지만, 최소한 노동 계급의 이익을 대변하고자 한다. 둘 중에 누가 될지 알 수 없지만, 정말 끔찍한 결선 투표가 있을 것이라고 예상할 수 있다. 둘 중에 하나만을 억지로 선택하라면 르펜을 선택할 수밖에 없겠지만, 내가 지지하는 것은 지금

의 처지를 뒤흔들어놓는 것이기 때문에 현실적으로 둘 중 누구도 지지하진 않는다. 이 사태의 본질은 자유주의 좌파를 비롯한 자유 민주주의의 위기다. 위기에 빠진 것은 자유 민주주의 체제다. 중간 지대가 없는 극단적 양쪽을 두고 하나만 선택해야 한다는 딜레마에 빠진 것이다. 자유주의는 문화적 차원에서 낙태와 동성애 문제 같은 정체성 정치를 이야기하지만, 경제적 차원에서 신자유주의적 정책을 채택했다. 이제 이런 이중성의 시스템이 더는 작동하지 않게 됐다. 사회의 대다수를 점하고 있는 평범한 사람들과 소통할 수 있는 매개를 잃어버렸다고 말할 수 있다.

이: 이런 교착 상태를 해결할 방법은 무엇인가.

지젝: 샌더스 같은 정치인들이 더 많아지는 것이 해결책이다. 지금 당장 공산주의 혁명을 해야 한다는 말이 아니다. 조금이라도 왼쪽으로 움직여야 한다. 궁극적으로 혁명적 상황은 도래할 것이지만, 지금 현실에서 나는 비관주의자다. 트럼프에 초점을 맞추지 말아야 한다. 트럼프가 아니라 자유주의 좌파가 그의 당선을 저지하지 못했다는 사실에 주목해야 한다. 내 미국 친구들은 트럼프를 파시스트라고 비난한다. 그러나 그 파시스트가 민주적으로 선출됐다는 것이 아이러니다. 이 사실은 엄청난 트라우마를 초래한다. 흑인과 히스패닉을 비롯한 소수 인종 대다수가 힐러리를 지지했다. 주요 언론들도 힐러리의 편이었다. 심지어 거대 자본들도 힐러리 당선을 바랐다. 얼마 전에 월가 점거 운동도 있었다. 그런데도 트럼

프가 대통령에 당선됐다. 어떻게 그럴 수 있었을까. 정말 괴로운 질문이다. 물론 좌파가 실패했기 때문에 이런 결과가 빚어진 것이다. 이 지점에서 나는 다시 한 번 비관주의자다. 자유주의 좌파가 확고하게 왼쪽으로 움직이지 못한 이유는 정치적 전망을 갖고 있지 않기 때문이다. 지금 좌파들은 아이러니하게도 좌파 후쿠야마주의자라고 정의하고 싶다. 이 좌파들은 자유주의적 자본주의야말로 역사의 종언에 도달한 최후의 형식이라는 후쿠야마의 진단을 수용하면서 왼쪽으로 움직이려고 한다. 의료보장제와 문화적 관용, 더 많은 공교육 등을 실현해야 한다고 주장한다. 역사의 종언이라는 프레임 내에서 이런 주장이 반복되고 있을 뿐이다. 우리가 무엇을 잘못하고 있는지 알아야 하는 것이 먼저다.

이: 이 상황이 지속된다면 우리는 어떤 문제에 직면하게 된다고 보는가.

지젝: 한마디로 유럽의 종언을 목도하게 될 것이다. 유럽이 이 세계에 준 것이 무엇인지 생각해보자. 멍청한 백인 우월적 문명을 말하는 것이 아니다. 복지 국가라는 기본적 이념이야말로 유럽이 가져다준 유산이다. 이 복지 국가를 통해 유럽의 개인들은 여가를 즐기고, 건강을 지키고, 기본적 안전을 보장받고, 자유를 누릴 수 있었다. 이런 유럽의 가치들이 오늘날 위험에 빠진 것이다. 이런 식으로 가다간 유럽은 붕괴한다. 이미 이런 붕괴는 시작된 것처럼 보인다. 작년에 당신도 와서 봤지만, 내가 사는 이곳 류블랴냐는 이제 관광을 위한 도시가

됐다. 마치 로마 제국 시절의 그리스 명소처럼 돼버린 것이다. 유럽에 와서 구경만 하지 유럽이 어떤 처지에 놓였는지 모두 무관심하다.

이: 어떤 변화가 있어야 한다는 말인데 트럼프 당선이 현실에 어떤 변화를 초래할 수 있을까. 당신은 시종일관 현재의 상황을 바꾸는 것이라면 혼란을 감수해야 한다고 말했지 않은가. 어떻게 보면 트럼프 당선의 의미는 당신이 지적하는 신자유주의적 글로벌 자본주의에 반발하는 열망이기도 하다.

지젝: 조금 전 잠깐 언급했던 낙관주의적 관점에서 상상해보자. 트럼프가 푸틴과 협력해 각자 평화롭게 핵무기 개발을 하자고 제안한다면 어떻게 되겠는가. 물론 푸틴도 일국 자본주의의 보호주의를 지지한다. 이렇게 둘이서 단합해 서로를 존중하는 '우정의 냉전'을 주창한다면 정말 황당할 것이다. 중국도 마찬가지다. 중국도 팽창주의를 채택했지만, 최근 보이는 행보는 중국의 입장에서 생각해보면 일리 있다고 볼 수 있다. 미국과 긴장 관계에서 남중국해의 영토 분쟁을 지속하고 있다. 이 상황만 놓고 보면 중국은 미국과 대등한 입장에서 힘겨루기를 하는 것처럼 보이지만, 현실은 그렇지 않다. 중국은 지금 미국의 로켓에 둘러싸여 있는 것이나 마찬가지다. 한국의 사드도 그렇고 파키스탄, 필리핀, 일본 등에 미국의 로켓 기지가 있다. 문제는 미국이 여전히 세계 경찰 노릇을 포기하지 않았다는 사실이다. 이런 관점에서 중국의 팽창주의를 다시 봐야 한다. 나름대로 방어 전략인 셈이기 때문이다.

오히려 문제는 미국이다. 지금 우리가 다극적 세계에 진입했다는 것을 미국은 인정하지 않는다. 오직 자신들만 전 세계에 무기를 배치할 수 있는 권리를 가졌다고 생각한다. 이런 미국의 생각은 과연 중국의 팽창주의와 얼마나 다른 것일까. 폭력적 중국의 모습은 요술 거울에 비친 미국의 왜상이 아닐까. 미국의 자본주의에 야만성과 노골적 계급 차별이 더해진 모습이 바로 현재의 중국인 것이다. 예전에 닉슨이 중국을 방문했을 때 미국은 중국을 두려워하지 않았다. 그때 중국은 가난한 공산주의 국가였다. 그런데 왜 지금은 두려워할까. 중국이 무시무시한 공산주의 제국이어서 그런 것이 아니다. 오히려 중국이 공산주의적 자본주의이기 때문에 미국에게 위협적으로 느껴진다고 할 수 있다. 정말 아름다운 아이러니이지 않은가. 전쟁의 위험은 과거처럼 정치적 차별성 때문에 발생하는 것이 아니라 경제적 차별성이 거의 없어지기 때문에 발생하는 것이다.

이: 경제적 차별성이 없어지면서 더 보편적 문제도 유발하고 있다는 생각이다. 중국이 미국만큼 경제가 발전한다면 지구 환경이 남아나지 않을 것이라는 지적도 있다. 물론 이런 지적들이 단편적이고 편견을 벗어나지 못했다는 것을 인정하더라도 이대로 가면 결과적으로 환경 변화로 인한 재앙은 피할 수 없지 않은가.

지젝: 여기 유럽에 있는 나보다 아시아에 있는 당신이 더 잘 알겠지만, 최근 중국 도시를 뒤덮은 스모그 문제는 사소한 것

이 아니다. 나는 보도 사진을 보고 정말 공포에 질릴 수밖에 없었다. 얼굴을 가리는 작은 의료 마스크가 아니라 말 그대로 방독면을 쓰고 있는 모습에 놀랐다. 물론 이런 재난의 상황에서 우리를 웃게 만드는 해프닝도 없지 않다. 중국 여행사들이 도시 거주민에게 맑은 하늘을 볼 수 있게 해주는 여행 상품을 개발했다는 소식은 재미있다. 이 지점에서 내가 이야기하는 '재정상화' 전략을 읽을 수 있다. 중국 정부는 이런 상황을 개발과 발전을 위한 불가피한 과정이라고 '재정상화'하고 있는 것이다. 그러니 더 많은 방독면을 구매하고 여행 상품을 선택해 도시 바깥으로 나가 휴식을 취해야 한다고 말한다. 분주한 중국 도시의 거리를 보고 있으면 마치 〈스타워즈〉에 등장하는 어떤 행성의 퇴폐적 정경을 떠올리게 한다고 누군가 말하기도 했다. 도시는 자욱하게 스모그에 잠겨 있고 거리의 인파들은 방독면을 쓰고 배회하는 영화의 한 장면 말이다. 그러나 이 모든 재앙에도 아랑곳없이 현실은 아무런 문제없다는 듯 잘 돌아간다. 왜냐하면 사람들은 재빨리 변화한 환경에 적응하고 위기를 '재정상화'하기 때문이다. 평범한 사람들의 적응력을 과소평가하지 말아야 한다. 자유주의 좌파들은 이런 적응력을 너무 사소하게 생각한다.

이: 이런 사실을 자유주의 좌파들이라고 모를 리 없을 것이다. 그런데 왜 그들은 반복적으로 잘못된 전략을 선택하는 것인가.

지젝: 그들은 자유 민주주의 체제가 작동하지 않는다는 사

실을 인정하지 않는다. 상층 엘리트의 이해관계에 평범한 사람들이 동의하지 않는다는 진실을 외면하는 것이다. 자유 민주주의 체제의 실패 아래에 감춰진 것은 더 왼쪽에 있는 좌파의 패배다. 한마디로 더 왼쪽에 있는 좌파가 대의를 상실했다는 의미다. 기껏 해봐야 이들은 좌파 후쿠야마주의자일 뿐이다. 계급 투쟁을 과소평가하고 동성애자의 권리나 낙태 문제 같은 정체성 정치에 매몰돼 있다. 오늘날 진정으로 좌파적이라고 할 수 있는 대의가 있는가. 좌파에게 이 질문에 대한 대답이 없다는 것이 실패의 궁극적 원인이다. 그리스의 시리자를 보라. 집권은 했지만, 진정한 대안을 만들어내지 못했다. 베네수엘라도 마찬가지다. 쿠바 역시 별 수 없었다. 지금 좌파들은 현재의 시스템이 무너지는 때를 맥없이 기다리고 있을 뿐이다. 지금 상황은 분명히 좌파의 대답을 요청하고 있다. 그럼에도 좌파들은 내놓을 대답이 없다. 지금 우리는 난민 문제나 환경 문제 등 수많은 문제에 직면하고 있다. 그러나 누구도 지금 체제를 변혁해야 한다는 말을 하고 있지 않다. 내 생각에 가장 궁극적 문제는 바로 이런 좌파의 무능이다. 장기적으로 언젠가 이 체제는 무너질 것이다. 그러나 지금 당장 좌파들이 대의를 제시하지 못한다면 상황은 비극으로 이어질 공산이 크다.

이: 좌파가 대의를 상실한 것은 사실이다. 그러나 지금 당장 혁명을 하자는 주장을 한다는 것도 우습지 않나.

지젝: 체제의 변화는 소리 없이 이뤄지지만, 준비 없이 오지

않는다. 가령 이번에 미국에서 샌더스가 당선됐다면 사정은 달라졌을 것이다. 앞으로도 마찬가지다. 샌더스처럼 급진 좌파가 아니라고 할지라도 사회 민주주의적 좌파가 미국에서 집권을 한다면 유럽도 영향을 받을 것이다. 일국에서 좌파가 집권을 해봤자 글로벌 자본주의에 저항하긴 어렵다. 규제를 강화하면 자본은 국경을 넘어 다른 곳으로 가버리기 때문이다. 국제적 차원에서 동시적으로 좌파적 전략들이 실천돼야 한다. 그러나 지금 벌어지는 상황은 정반대다. 좌파들마저 글로벌 자본주의, 달리 말해 신자유주의에 대항해 민족 국가로 복귀해야 한다는 주장을 펼치고 있다. 민족주의는 이런 상황에서 엄청난 유혹이다. 너도 나도 민족주의자로 전향하고 있는 파국이 펼쳐지는 것이다. 글로벌 자본주의 또는 자본의 국제주의에 반대해 본능적으로 민족주의로 복귀하는 것은 바람직하지 않다. 오히려 좌파의 국제주의를 대안으로 제시해야 한다.

이: 좌파 못지않게 자본도 민족 국가로 복귀하고자 하는 경향이 있지 않은가. 트럼프 당선이 말해주는 것은 신자유주의에 대한 반발로 백인 중간 계급이 과거의 복지 국가 모델로 돌아가고 싶어 한다는 사실 아닌가. 그런데 이런 열망에 좌파는 대안을 제시하지 못하고 트럼프 같은 우파 포퓰리스트가 지지를 얻고 있다.

지젝: 오늘날 자본주의는 재정적으로 국제적이지만, 성장 모델에서 과거로 복귀하는 것 이외에 대안이 없다. 이 과정에

서 우파 포퓰리즘이 약진하고 있는 것이다. 그러나 장기적으로 이들이 성공한다는 보장은 없다. 트럼프만 하더라도 당장 말을 바꾸고 있지 않은가. 트럼프를 지지했던 평범한 사람들이 실망을 느낄 때가 반드시 온다. 그때가 또 다른 기회다. 내가 트럼프의 위험성을 과소평가한다고 내 친구들은 비판하지만, 트럼프는 히틀러 같은 인물이 아니다. 트럼프라는 증상은 분명 지금 상황을 바꿀 수 있는 방아쇠다. 이런 까닭에 나는 반복해 주장한다. 우리가 진정 주의 깊게 봐야 할 지점은 트럼프라는 증상이 아니라 샌더스로 대표되는 신좌파의 출현이다. 여기에 변화의 가능성이 있다.

이: 이만 마치겠다. 흥미로운 인터뷰였다. 감사드린다.

후주

1) Richard Hofstadter, *Anti-intellectualism in American Life*, New York: Vintage, 1962.

2) Russell Jacoby, *The Last Intellectuals: American Culture in an Age of Academe*, New York: Basic Books, 1987, p.109.

3) Thomas Hobbes, *Leviathan*, Oxford: Oxford UP, 1998, p.32.

4) 같은 책.

5) Jacques Ranciere, "The People Are Not a Brutal and Ignorant Mass." (https://www.versobooks.com/blogs/1226-the-people-are-not-a-brutal-and-ignorant-mass-jacques-ranciere-on-populism)

6) Antonio Gramsci, *Selections from the Prison Notebooks of Antonio Gramsci*, ed. and trans. Q. Hoare and G. Nowell Smith, London: Lawrence and Wishart, 1971, p.326.

7) Zygmunt Bauman, *Liquid Modernity*, Cambridge: Polity, 2000, p.17.

8) Ulrich Beck, Anthony Giddens and Scott Lash, *Reflexive Modernization: Politics, Tradition and Aesthetics in the Modern Social Order*, Cambridge: Polity Press, 1994, p.144.

9) 다음에서 참고할 수 있다. Zygmunt Bauman, *Freedom*, Milton Keynes: Open University Press, 1988.

10) 지그문트 바우만, 『부수적 피해』, 정일준 역, 서울: 민음사, 2013, 118쪽.

11) 다음에서 확인할 수 있다. https://www.versobooks.com/blogs

12) Gilles Deleuze and Felix Guattari, "May 68 Did Not Take Place." *Hatred of Capitalism*, ed. Chris Kraus and Sylvere Lotringer, New York: Semotext(e), 2001, p.209.

13) 같은 책, p.210.

14) CIA, *France: Defection of the Leftist Intellectuals*, 1985, p.iii.

15) 같은 책, p.v.

16) 같은 책, p.vi.

17) 같은 책, p.5.

18) 같은 책.

19) 같은 책, p.6.

20) 같은 책, p.11.

21) 같은 책, p.6.

22) Susan Watkins, "The Political State of the Union", *New Left Review: 90*, 2014, p.8.

23) Dominique Lecourt, *The Mediocracy: French Philosophy Since the Mid-1970s*, trans. Gregory Elliott, London: Verso, 2001.

24) Gabriel Rockhill, "The CIA Reads French Theory: On the Intellectual Labor of Dismantling the Cultural Left", *The Philosophical Salon*, 2017. (http://thephilosophicalsalon.com/ the-cia-reads-french-theory-on-the-intellectual-labor-of-

dismantling-the-cultural-left/)

25) Alain Badiou, *Metaphysique du bonheur reel*, Paris: PUF, 2015, p.52.

26) Hanna Arendt, "We, Refugees", *Altogether Elsewhere: Writers on Exile*, ed. Marc Robinson, London: Faber and Faber, 1996, p.267.

27) Martin Heidegger, *Anmerkungen I-V*, ed. Peter Trawny, Berlin: Klostermann, 2015, p.100.

28) Karl Marx, *The German Ideology*, trans. W. Lough in Karl Marx, Friedrich Engels, Collected Works, Vol. 5: Marx and Engels 1845~47, New York: International Publishers, 1976, p.150.

29) Karl Marx, *The Economic and Philosophical Manuscripts*, in Early Writings, trans. R. Livingstone and G. Benton, London: Penguin Books and New Left Review, 1992, p.357.

30) Slavoj Zizek, *Did Somebody Say Totalitarianism? Five Interventions in the (Mis) Use of a Notion*, London and New York: Verso, 2001, p.177.

31) Jean Luc Nancy, *The Creation of the World or Globalization*, trans. F. Raffoul and D. Pettigrew, New York: SUNY Press, 2007, p.70.

32) Alain Badiou, *Logics of Worlds*, trans. Alberto Toscano, London: Continuum, 2009, pp.1~3.

빨간 잉크

초판 1쇄 발행 2018년 11월 26일

지은이   이택광

편집   김유정
디자인   문유진

펴낸이   김유정
펴낸곳   yeondoo
등록   2017년 5월 22일 제300-2017-69호
주소   서울시 종로구 자하문로 115-18 201호
팩스   02-6338-7580
메일   11lily@daum.net

ISBN 979-11-961967-3-8 03300

이 도서의 국립중앙도서관 출판예정도서목록(CIP)은 서지정보유통지
원시스템 홈페이지(http://seoji.nl.go.kr)와 국가자료공동목록시스템
(http://www.nl.go.kr/kolisnet)에서 이용하실 수 있습니다.
(CIP제어번호:CIP2018035818)